Günthner

STERNETOUR

IMPRESSUM

Die Deutsche Nationalbibliothek verzeichnet diese Publikation in der Deutschen Nationalbibliografie; detaillierte bibliografische Daten sind im Internet über http://dnb.dnb.de abrufbar.

Der Konrad Theiss Verlag ist ein Imprint der WBG

Die Herausgabe des Werkes wurde durch die Vereinsmitglieder der WBG ermöglicht.
Lektorat Ulrike Burgi, Köln
Layout & Satz Katrin Kleinschrot und Karin Hauptmann, Stuttgart
Einbandabbildungen Thomas Kienzle, Ludwigsburg
Einbandgestaltung Stefan Schmid Design, Stuttgart
Abbildungen Thomas Kienzle, Ludwigsburg

Gedruckt auf säurefreiem und alterungsbeständigem Papier
Printed in Germany

Besuchen Sie uns im Internet: www.wbg-wissenverbindet.de

ISBN 978-3-8062-2807-6

Wolf M. Günthner / Rainer Lang

STERNETOUR

EINE KULINARISCHE REISE
DURCH
BADEN-WÜRTTEMBERG

Abbildungen von Thomas Kienzle

INHALTSVERZEICHNIS

Es gibt Zeitgenossen, die halten den Gaisburger Marsch für ein Musikstück, das Bœuf Stroganow für eine sibirische Rinderrasse und das Chateaubriand für ein französisches Schloss. Aufklärung in der Kulinarik kann also nicht schaden. Zumal haben sich die Essgewohnheiten kontinuierlich verändert und die junge Generation überwiegend von der häuslichen Tafel verabschiedet, um Fast Food zwischen Tür und Angel einzuwerfen.

Dies war jedoch nicht das Motiv für dieses Buch. Auch das „Apicii Celii De Re coquinaria libri decem“ haben wir so wenig verinnerlicht wie das „Viandier“, nach deren Rezept die alten Römer und der französische Hochadel im frühen Mittelalter ihren Gaumen und Leib verwöhnten.

Es war der Hunger, der uns trieb. Nicht jener, der vom knurrenden Magen ausgeht, sondern jener, der das Gehirn nähren soll. Besser gesagt, Wissensdurst, womit wir beim Wein und den Destillaten wären, um die sich ebenso Geheimnisse ranken wie um ein Sechs-Gänge-Menü beim Drei-Sterne-Koch. Lukullus und seine Erben machten uns neugierig. Und wer könnte Tafel- und Kellerfreuden besser vermitteln als die besten Köche des Genießerlandes?

Koch- und Köchebücher gibt es so viele, dass sie Schränke und Internetportale füllen. Also musste ein neues Rezept für ein besonderes Werk her, das Appetit machen soll. Gemeinsam mit den geschätzten Kollegen Hans Georg Frank, Uwe Ralf Heer, Wilhelm Hölkemeier, Oliver Jirosch, Hansjörg Jung, Rolf Kienle, Tanja Kurz, Michael Schröder und Frank Schwaibold, die als Mitautoren neun Chefs de cuisine porträtierten, beschreiben wir nicht nur Spitzenköche im Südwesten, sondern präsentieren auch deren ausgesuchte Rezepte. Mehr noch: Quasi als Dessert haben wir das Buch als Sternereise durch Baden-Württemberg konzipiert.

Das deutsche Sterneparadies Baiersbronn ist dabei Start- und Zielort der kulinarischen Fahrt, bei der den geschätzten Leserinnen und Lesern das Wasser im Munde zusammenlaufen soll. Genießen Sie also diese Form der Gourmandise. Denn Sie wissen ja: Wer nicht genießt, wird ungenießbar ...

Herzlichst

Wolf Günthner und Rainer Lang

Liebe Leserinnen und Leser,

wer durch Baden-Württemberg reist, entdeckt in allen Regionen ein wahres Genießerland. Ambitionierte Erzeuger, exzellente Weine, weltbekannte regionale Spezialitäten und vor allem eine Vielfalt an herausragenden Gasthäusern und Restaurants machen die Landschaften zwischen Kurpfalz und Bodensee, Schwarzwald und Lieblichem Taubertal zu einem Paradies für Feinschmeckerinnen und Genießer.

Es sind vor allem die Leistungen der Spitzenköchinnen und Spitzenköche, denen Baden-Württemberg seinen Ruf als Genießerland verdankt. Sie kochen kreativer, leidenschaftlicher und vor allem zahlreicher als andernorts. Rund jedes vierte deutsche Top-Restaurant steht in Baden-Württemberg – hierin sind sich alle renommierten Gastronomie- und Gourmetführer einig. Nirgendwo sonst leuchten mehr Sterne, kochen mehr ausgezeichnete Spitzenköche als bei uns im Süden.

Das milde Klima, vielfältige regionale Traditionen und auch die Nähe zu Frankreich haben Baden-Württemberg in den letzten Jahrzehnten zum Schlaraffenland für Feinschmecker und zum Feinkostladen der Republik werden lassen. Überall im Land machen lokale Produzenten und bäuerliche Erzeugergemeinschaften von sich reden, werden alte Spezialitäten neu entdeckt. Heute haben diese regionalen Erzeugnisse – von der Alblinse bis zum Bœuf de Hohenlohe – längst auch Eingang in die Sternegastronomie gefunden.

Den Leserinnen und Lesern der „Sternetour" durchs Genießerland wünsche ich viele spannende Entdeckungen beim Stöbern in diesem Buch und unvergessliche kulinarische Erlebnisse in Baden-Württemberg.

Ihr

Alexander Bonde

Präsident des Tourismus-Verbands
Baden-Württemberg e. V.

Claus-Peter Lumpp

CLAUS-PETER LUMPP BAREISS

C.P. Lumpp

DER GROSSE VERFECHTER REGIONALER PRODUKTE

Er wuchs in Wannweil bei Reutlingen in einer urschwäbischen Familie auf. Der Großvater war Metzger und hatte einen Gasthof, den er gemeinsam mit seiner Frau betrieb. Das prägte Claus-Peter Lumpp schon als kleines Kind, obwohl der Opa früh starb, noch bevor sein Enkel im Jahr 1964 geboren wurde.

Die Oma, die mit im Haushalt lebte, kochte jeden Tag. Und wie! »Immer frisch«, schwärmt Lumpp noch heute respektvoll. Wenn sie einen Salat brauchte, holte sie den beim Gärtner. Überhaupt: Obwohl Wannweil ein Dorf war, gab es zu Lumpps Jugendzeiten noch drei Bäcker und drei Metzgereien im Ort. Und noch etwas lernte der junge Lumpp von früh auf zu schätzen: »Unser Alltag war geprägt von dem, was die Region hergibt.« Der Speiseplan schrieb sich somit von selbst: Montags war regelmäßig Schlachttag. Montags und dienstags kochte die Oma deshalb Innereien, mal saure Nierle, mal Leber. Am Donnerstag gab es Maultaschen, da der Bäcker nur an diesem Wochentag den Maultaschenteig machte. Das schwäbische Nationalgericht stand gleich zweimal auf dem Tisch. Mittags in der Brühe, abends gebraten. Perfekte Resteverwertung. Der Freitag war klassischerweise fleischlos – und Lumpp aß Süßes wie Dampfnudeln oder Pfannenkuchen. Der Höhepunkt dann am Sonntag: Schweinebraten, Spätzle, Kartoffelsalat – auf besonderen Wunsch des Vaters, der als Handelsreisender unter der Woche viel unterwegs war und den Sonntagsbraten im Kreis der Familie genoss.

Lumpp war schon damals ein aufmerksamer Beobachter und Helfer. An die Zeremonie der Bratenzubereitung erinnert er sich bis ins kleinste Detail: Um 8.30 Uhr fing die Oma an zu kochen. Knochen wurden angeröstet, Spätzle geschabt und Kartoffeln gekocht. Um 11 Uhr »waren die Knöchle fertig«, und der Junior ließ es sich nicht nehmen, die Ersten davon abzunagen. Sein Talent bewies er schon damals und durfte deshalb der Oma zur Hand gehen. »Ich konnte mit vier Jahren Kartoffelsalat machen und Saucen abschmecken. Deshalb hieß es bald: Das wird mal ein Koch! «, erzählt Lumpp.

Doch ihn selbst interessierte dieser Beruf zunächst nicht. Es war eher Zufall, dass es doch so kam: Lumpp hatte mit 16 Jahren genug von der Schule und fragte auf dem Arbeitsamt, was man ihm anbieten könne. Da erfuhr er, dass es die meisten Jobs in der Gastronomie gebe. Also bewarb er sich beim damaligen Kurhotel Mitteltal, inzwischen als Hotel Bareiss eine Top-Adresse für Liebhaber guten Essens und weit über Baiersbronn und den Schwarzwald hinaus bekannt. Von der damaligen Personalchefin im Kurhotel, Vera Haueisen, bekam der junge Mann eine Zusage für eine Ausbildung zum Koch, allerdings erst für die Zeit nach dem 18. Geburtstag. Lumpp sagte trotzdem zu und überbrückte die zwei Jahre mit Praktika bei einem Bäcker und einem Metzger. Offenbar kein Schaden. »Danach war ich gut vorbereitet«, bilanziert er rückblickend.

Nach seinem Wehrdienst, den er als Casino-Chef ableistete, arbeitete er 1986 als Saucier bei Günter Scherrer im Düsseldorfer Restaurant »Victorian«. 1987 kam er ins »Bareiss« im Baiersbronner Ortsteil Mitteltal zurück. Zuerst als Entremetier, dann als Saucier. Nach bestandener Küchenmeisterprüfung wurde er zum Küchenchef der »Kaminstube« ernannt. Doch Patron Hermann Bareiss hatte mehr vor mit dem begnadeten Koch. In so berühmten Restaurants wie »Petermanns Kunststuben« in Zürich, in Heinz Winklers »Tantris« in München und im »Aubergine« beim Jahrhundertkoch Eckart Witzigmann bekam Lumpp den Feinschliff, um letztendlich im Frühjahr 1992 die Küche des Restaurants »Bareiss« zu übernehmen.

Das Sternerestaurant gibt es nunmehr seit mehr als 30 Jahren. Eröffnet wurde es am ersten Weihnachtsfeiertag 1982. Als Nachfolger des zweiten Küchenchefs Karlheinz Schuhmair trat Lumpp gleich in die Zwei-Sterne-Stiefel. Bis 15 Jahre später das Ziel des dritten Sterns erreicht war, fochten der Perfektionist und Patron Hermann Bareiss und Lumpp, ein ausgewiesener Dickschädel, der nicht minder zur Perfektion neigt, so manchen Strauß aus. Mit von der Partie: ein 17-köpfiges Küchen- und Serviceteam, angeführt von Restaurantleiter Thomas Brandt und Sommelier Jürgen Fendt. »Das Restaurant Bareiss bin nicht ich, sondern mein Team« – so versteht sich Lumpp nicht nur als Chef, sondern weiß, dass ausschließlich ein gutes Team langfristig Erfolge garantiert.

Die hat er inzwischen zur Genüge. Seit Herbst 2007 ist er mit dem dritten Stern dekoriert. 2011 wurde er mit dem Internationalen Witzigmann-Preis ausgezeichnet. Setzt ihn das speziell unter Druck? »Im Gegenteil«, sagt der Starkoch, »meine Erfolge mache mich stolz und zufrieden.« Großen Druck habe er vor allem gehabt, bevor er den dritten Stern erkocht habe.

In der Küche ist er »ein großer Verfechter regionaler Produkte«. Das Lamm kommt von der Älbler Wacholderheide, die Taube aus dem nahen Elsass, das Obst und Gemüse aus dem Markgräfler Land. Linsen von der Alb gehören im Winter einfach dazu, und die Rehe stammen sowieso aus der Bareiss-Jagd. Dennoch ist Lumpps Speisekarte alles andere als regional. »Ich kann ein Lamm auch orientalisch zubereiten, obwohl es von der Alb kommt«, lautet sein Credo. Und den Seefisch bekommt er logischerweise nicht aus Baden-Württemberg, sondern aus dem Atlantik.

Global denken, ohne das Regionale aus den Augen zu verlieren. Wer so gestrickt ist, muss den Überblick haben. Vielleicht war ja deshalb das Gleitschirmfliegen lange Zeit Lumpps Leidenschaft. Er war der erste Flugschüler der Flugschule Baiersbronn, und seinen schönsten Flug hat er auf Teneriffa gemacht. Vom Teide-Observatorium, das auf 2400 Meter Seehöhe auf einem Berg liegt, segelte er bei Sonnenaufgang hinab bis zum Meer. »Ich war der typische Schönwetterflieger. Als Ausgleich zum Alltag brauche ich nicht den Adrenalinkick, sondern den puren Genuss.«

Seit einigen Jahren allerdings fliegt er nicht mehr. Inzwischen verbringt er seine freie Zeit am liebsten mit der Familie, denn die hat seit November 2011 Zuwachs. Und von dem, wie Töchterchen Leni groß wird, möchte der stolze Papa möglichst wenig versäumen. Im Hause Lumpp wächst auch sie mit ganz normaler schwäbischer Küche auf. Und der Schweinebraten ist nach wie vor eines der Lieblingsgerichte von Claus-Peter Lumpp. Dennoch sagt er: »Das Jahr ist so lang, deshalb spreche ich lieber von Lieblingsmomenten beim Essen.« Einer dieser ganz besonderen Momente war die frische Kalbsbrust bei der Taufe seiner Tochter im Morlokhof.

RESTAURANT BAREISS
IM HOTEL BAREISS
Gartenbühlweg 14
72270 Baiersbronn-Mitteltal
www.bareiss.com

Unsere Tour beginnt im Schwarzwald: Baiersbronn ist nicht nur als waldreichste Feriengemeinde Baden-Württembergs bekannt, sondern vor allem wegen ihrer Sternendichte pro Einwohner. Der Ort ist Hochburg der Spitzenköche. Im Ortsteil Mitteltal hat Claus-Peter Lumpp sein Domizil - im Ort der Quellen und Parzellen.

» JEDER GAST MOTIVIERT MICH. WENN ICH MORGENS AUFSTEHE, WEISS ICH, DASS ICH MIR ZWEITKLASSIGE ARBEIT NICHT LEISTEN KANN. ICH ERWARTE VON MIR IMMER DAS BESTE. DAS IST MEINE GRUNDEINSTELLUNG. «

DER GESCHMACK STEHT ÜBER ALLEM.

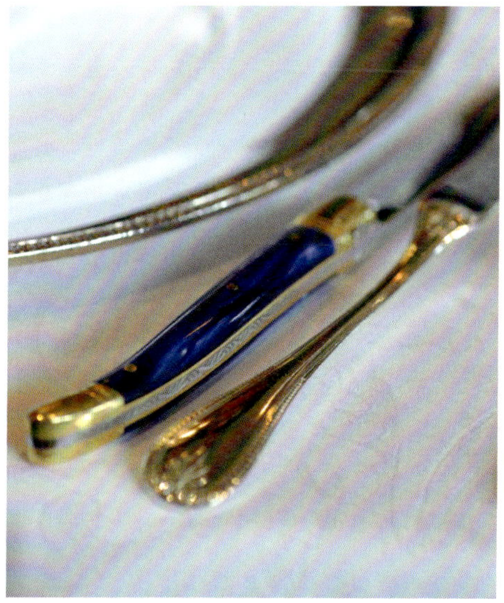

MEIN LIEBLINGSESSEN IST ZU JEDER JAHRESZEIT DAS,
WAS AM BESTEN SCHMECKT. EINE TOLLE LANGUSTE IN PARIS
GENAUSO WIE DAHEIM LINSEN MIT SPÄTZLE ODER MAULTASCHEN.

GEBRATENES TÄUBCHEN AUS DEM ELSASS MIT LAUCH UND PERIGORD-TRÜFFEL

Zutaten für 4 Personen

Gebratenes Täubchen

2 Tauben aus dem Elsass
2 Stangen Lauch
Röstgemüse
2 l Geflügelfond zum Auffüllen des Jus
1/4 l Madeira

Trüffelglace

Schalottenbrunoise
2 Gänsestopfleberscheiben
100 g Schwarzen Trüffel
1/4 l Madeira
50 ml Trüffelfond
Butter

Brioche

4 Scheiben Brioche
40 g Passierte Gänsestopfleber
2 Eier
2 El Cognac
100 ml Sahne
1 EL Butter
½ TL Puderzucker
3 cl Madeira
3 cl Apfelsaft
Salz und Pfeffer

GEBRATENES TÄUBCHEN

Die Innereien von den Tauben herausnehmen, klein schneiden und zur Seite legen für die gebratenen Innereien.
Keulen ablösen, Unterteil des Taubentorsos auslösen, sodass nur noch die beiden Brüstchen auf dem Torso sind.
Aus den Taubenkarkassen mit Röstgemüse und ¼ l Madeira Taubenjus ansetzen, Taubenkeulen würzen, anbraten und in dem Taubenjus mitschmoren, bis sie weich sind, herauslegen, den Unterschenkelknochen entfernen und auskühlen lassen. Taubenjus auf 1 l einkochen lassen.

TRÜFFELGLACE

Aus dem Taubenjus wird nun eine Trüffelglace gekocht. 100 g Trüffel fein hacken, mit einem 1 TL Schalottenbrunoise in frischer Butter andünsten, mit einem ¼ l Madeira ablöschen und fast komplett einkochen.
Nun 1 l Taubenjus dazugeben und reduzieren auf die Hälfte, bis diese eine ölige Konsistenz hat, anschließend mit etwas frischer Butter sämig aufmontieren und abschmecken.
Aus Trüffelfond und Sahne eine Trüffelsahne herstellen und mit Madeira und Cognac abschmecken.

BRIOCHE

Für den Brioche Eier, Sahne, Cognac und die Gänsestopfleber zu einer Masse zusammenrühren und mit Salz und Pfeffer würzen. Aus den Briochescheiben mit einem runden Ausstecher (3 cm Durchmesser) kleine Taler ausstechen und in die Sahnemasse für 3 min. einlegen, eventuell einmal umdrehen, danach in schäumender Butter goldbraun braten. Mit Puderzucker bestäuben.

BEILAGEN

Lauch und Schnittlauchcreme

ANRICHTEN

Tauben würzen und auf der Hautseite kross anbraten, im Backofen blutig garen und anschließend etwas abruhen lassen, danach die Taubenbrüstchen auslösen und die Filets abziehen. Geschmorte Taubenkeulen in Butter knusprig anbraten. Taubeninnereien heiß anbraten und würzen, anschließend zum Anrichten halbieren.
Taubenbrust längs halbieren und oben am Tellerrand in der Mitte anrichten. Lauch und Brioche daneben auf dem Teller anrichten, auf den Lauch die gebratenen Innereien legen.
Schnittlauchcreme zwischen den Lauch und Brioche, Taubenfilets halbieren und auf dem Brioche anrichten. Mit Trüffelglace und Trüffelsahne fertigstellen.
In einer separaten Schale die gedünsteten Lauchwürfel anrichten, darauf die geschmorte Taubenkeule mit Trüffelglace und Trüffelsahne saucieren.

Jörg Sackmann

JÖRG SACKMANN SCHLOSSBERG

DEN GEHEIMNISSEN DES GENUSSES AUF DER SPUR

Er geht aufs Ganze. Das Innere muss für den Sternekoch Jörg Sackmann mit dem Äußeren harmonieren. Nicht von ungefähr hat der Hotelier aus Baiersbronn im Schwarzwald zwei Jahre lang am Konzept für eine Wellnessanlage getüftelt, die auf Produkten aus seiner Gourmetküche basiert. Auf 1000 Quadratmetern ist ein ganz besonderer Wohlfühltempel entstanden. Hier macht Sackmann als Zeremonienmeister die Finesse und Vielfalt seiner Aromenküche für alle Sinne erlebbar. So werden täglich frische Kräuter für das Dampfbad im Spa-Bereich sorgfältig aufgelegt.

Jörg Sackmann ist einer der kreativsten und innovativsten Köche in Deutschland. Stehenbleiben wäre für ihn ein Gräuel. Immer das Beste im Blick, verfeinert er seine Küchenkunst ständig. Der Schüler der renommiertesten Köche Deutschlands wie Eckart Witzigmann oder Harald Wohlfahrt hat sich von Beginn an das ehrgeizige Ziel gesetzt, etwas Eigenes in der kulinarischen Welt zu gestalten. Sackmann hat zielstrebig seine Aromenküche entwickelt, in die Anregungen von seinen Reisen – besonders Asien hat ihn beeindruckt – genauso wie die heimischen Traditionen Eingang gefunden haben.

Als regional, mediterran und asiatisch sowie den Jahreszeiten angepasst beschreibt Jörg Sackmann seine Art zu kochen. Da verarbeitet er Angelikawurzel aus China zu Mousse mit besonders intensivem Geschmack. Auf dem Tisch steht das Himalayasalz, das sich im Wellness-Bereich in der Sauna zur äußeren Anwendung wiederfindet. Zugleich kümmert er sich um die Herkunft der Produkte. Sackmann verwendet zum Beispiel alte Getreidesorten wie Emmer von der Schwäbischen Alb. Mit Bauern auf dem Land pflegt er regen Austausch und bezieht so heimisch-exotische Dinge wie Roggenreis von dort.

Und er mag die ungewöhnlichen Verbindungen. Da nimmt er alte heimische Tomatensorten als Zutaten für einen besonderen Salat. So eröffnet Sackmann mit seinem Einfallsreichtum immer wieder neue und überraschende Pfade des Genusses. Das haben längst auch Staatsoberhäupter und Regierungschefs im In- und Ausland entdeckt, die Sackmanns Küche bei besonderen Anlässen schätzen. Auch die französische Fußball-Nationalmannschaft war schon bei ihm zu Gast. Da verwundert auch nicht die große Resonanz auf seine Auftritte im Fernsehen oder bei Galas.

Worin liegt das Geheimnis des Erfolgs des Spitzenkochs? Für Sackmann steht das Produkt im Mittelpunkt. Dessen Charakter und Aromen will er beim Kochen entfalten. In seinen Genusswelten ist Sackmann den verborgenen Aromen auf der Spur, die sich manchmal erst in ungewöhnlichen Kombinationen entfalten. Die Vielfalt an Aromen und Gewürzen liebt Sackmann an der asiatischen Küche.

Kulinarische Geheimnisse zu lüften, das ist Sackmanns Leidenschaft. In der Küche ist er Perfektionist mit Liebe zum kleinsten Detail. Bevor er ein Beet aus Minigemüse anrichtet, vermisst er erst einmal exakt den Teller, um alles genau zu platzieren. Beim Anrichten mit der Pinzette achtet er auf die Ausgewogenheit des Farbenspiels. Das Miniaturgemüse zieht er im eigenen Garten. Und wer sich am Ende traut, dieses Kunstwerk wieder zu zerstören, der wird belohnt mit dem Geschmack der Geheimnisse von Sackmanns Küche: intensiv, aber nicht aufdringlich. Die einzelnen Elemente harmonieren. Der Geschmack jedes Teils entfaltet sich im Mund. Alles zusammen ist fein, abgerundet und dezent in diesem kleinen kulinarischen Gesamtkunstwerk. Darin drückt sich Sackmanns Streben nach dem ganzheitlichen Genuss aus, in den der Gast eintauchen soll.

In Baiersbronn führt Sackmann eine Familientradition fort, die 1927 begonnen hat. Auch seine beiden Söhne treten schon in seine Fußstapfen, was den Küchenchef nicht nur freut, sondern auch mit Stolz erfüllt. 1988 hat Jörg Sackmann das 4-Sterne-Superior-Hotel mit 120 Betten übernommen. Das im romantischen Murgtal gelegene Haus verfügt über drei Restaurants: das Gourmetrestaurant »Schlossberg«, die regional ausgerichtete »Anita-Stube« und das zur Pension gehörige Restaurant »Silberberg«.

Nicht nur in der Küche, auch im Dekor liebt Sackmann die klare, schnörkellose Linie. Längst produziert er auch seine eigenen Produkte wie Marmelade, Chutney, Essig, Sirup, Schokolade oder Pralinen. Honig bezieht er aus dem Dorf. Für Ursprüngliches ist er immer zu haben. Er liebt es, »aus einfachen Produkten etwas Tolles zu machen«, wie Erbsencreme mit Minze und Butter. Im Menü nimmt er den Gast mit auf kulinarische Entdeckungsreise, sei es mit Wild, Flusskrebsen oder Gemüse. Im Spa entführt er in Schwarzwälder Wiesenträume und bietet Körperrituale.

Kreativ und bodenständig zugleich, klar und schnörkellos präsentiert sich das Romantikhotel. So sorgen im Spa modernes Design kombiniert mit natürlichen Baumaterialien für Helligkeit, Leichtigkeit und Behaglichkeit gleichermaßen. Die Kosmetikprodukte basieren alle auf Naturprodukten wie Honig, Meersalz oder Wein. Vom Wellnessbereich öffnet sich der Blick auf die Murg. Das Hotel liegt im landschaftlich reizvollen Murgtal, dessen wilde Geschichte von Räubern und Holzhändlern auch für Wanderer erfahrbar ist – ganz nach Sackmanns Motto: innen wie außen.

RESTAURANT SCHLOSSBERG
IM HOTEL SACKMANN
Murgtalstraße 602
72270 Baiersbronn-Schönmünzach
www.hotel-sackmann.de

Von Mitteltal führt uns der Weg entlang der Murg in den Baiersbronner Ortsteil Schönmünzach-Schwarzenberg. In dem Luft- und Kneippkurort, eingebettet in eine reizvolle Landschaft, führt Jörg Sackmann die Familientradition fort. Harmonie und Wellness werden hier großgeschrieben. Wanderwege bieten Sehenswertes. Infos unter *www.baiersbronn.de.*

» MEIN LEBENSMOTTO LAUTET:

NICHT STEHEN BLEIBEN – WEITERKOMMEN! «

» ALS EINZIGER SOHN UND STAMMHALTER WAR IMMER KLAR, DASS ICH DEN FAMILIENBETRIEB IRGENDWANN ÜBERNEHME. ALLERDINGS NICHT ALS KOCH, SONDERN MEHR IM MANAGEMENT. ABER DEM KOCHEN BIN ICH DANN EBEN VERFALLEN. «

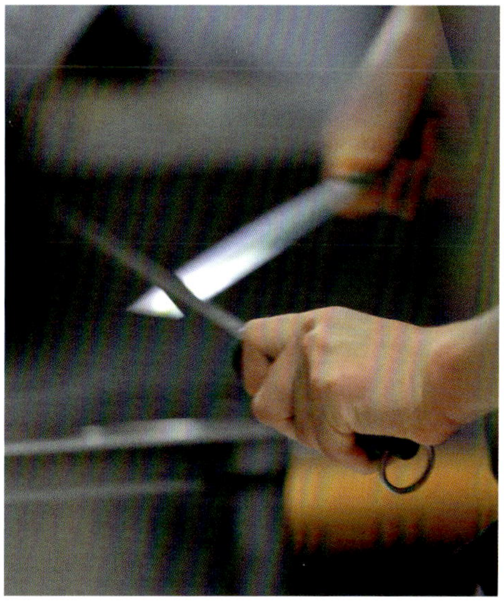

» INSPIRATIONEN HOLE ICH MIR BEI DER ARBEIT MIT MEINEM TEAM, AUF REISEN UND VON DEN JAHRESZEITEN. ICH BIN DABEI STETS PRODUKTORIENTIERT – DAS AROMA STEHT IM MITTELPUNKT – UND PROBIERE AUCH GERNE NEUE TECHNIKEN AUS. «

GEMÜSEGARTEN MIT LUNARIO-ZITRONE, GERÄUCHERTES AUBERGINENCHUTNEY & DAIKONRETTICH

Zutaten für 4 Personen

Gemüsegarten

4 *Kleine Karotten mit Grün*
1 *Gelbe Karotte*
8 *Erbsenschoten*
1 *Kleine Zucchini*
1 *Daikon-Rettich*
1 *Weiß-Rote-Bete*
12 *Thai Spargel*
Je 12 *Tomberry Tomaten gelb und rot*
1 *Kleine Schale Buchenpilze*
4 *Junge Fenchel*
8 *Kleine Radieschen*
Erbsenkresse
Rote-Bete-Sprossen
Salz, Weißer Pfeffer aus der Mühle

Auberginen-Chutney

450 g *Auberginen (250 g Fruchtfleisch)*
4 *Tomaten,*
Saft von 1/2 Zitrone
Salz
3 *Schalotten*
2 *Knoblauchzehen*
2 *Kardamomkapseln*
2 *Nelken*
1 *Lorbeerblatt*
2 EL *Olivenöl*
1/2 *Bio-Limette*
2 g *Kreuzkümmel (Cumin)*
1 *Kleine getrocknete rote Chilischote*
20 g *Brauner Zucker*
1 *kleiner Korianderbund*
1 EL *Geriebener Ingwer*
50 ml *Weißer Balsamicoessig (Prelibatoessig)*
Pfeffer aus der Mühle
Oliven-Räucheröl (mit Pinienzapfen geräuchert)

GEMÜSEGARTEN

Die Karotten schälen, in dünne Scheiben schneiden, in Salzwasser blanchieren. Die gelbe Karotte tournieren und in Salzwasser blanchieren. Die Erbsenschoten putzen und in Salzwasser blanchieren.
Die kleine Zucchini in dünne Scheiben aufschneiden, Weiß-Rote-Bete schälen, in dünne Scheiben schneiden. Kleinen Thai Spargel in Salzwasser blanchieren.
Die Tomaten in gelb und rot aufschneiden. Die Buchenpilze in Olivenöl anschwitzen und würzen. Den Fenchel in 2 mm dünne Scheiben schneiden.
Kleine Radieschen, Erbsenkresse, Rote-Bete-Sprossen waschen und bereitstellen.

AUBERGINEN-CHUTNEY

Die Auberginen putzen, waschen und längs halbieren, in kleine Würfel schneiden und in eine Schüssel geben. Mit dem Zitronensaft und dem Salz mischen.
5 Minuten mit Wasser bedecken und abschütten.
Die Kardamomkapseln etwas andrücken und mit den Nelken, den Lorbeerblättern und dem fein gewürfelten Knoblauch zugeben, in einen Einweg-Teefilter füllen und zubinden.
Die feinen Schalottenwürfel in einer Pfanne im Öl bei mittlerer Hitze glasig dünsten. Die Auberginen, den Knoblauch und das Gewürzsäckchen hinzufügen und die Auberginen unter Rühren von allen Seiten goldgelb braten, die Tomaten abgezogen, entkernt, in feine Würfel geschnitten, zugeben und weiter dünsten.
Limettenschale waschen, 1 Msp Schale reiben und über das Gemüse geben, Cumin hinzufügen. Die Chilischote zerreiben und ebenfalls dazugeben. Alles gut verrühren. Den braunen Zucker darüberstreuen und schmelzen lassen. Koriander und Ingwer unterrühren. Mit dem Essig ablöschen und mit Pfeffer würzen. Das Chutney etwa 30 Minuten köcheln lassen, falls nötig, etwa 50 ml Wasser angießen.
Das Chutney fünf Minuten vor Garzeitende mit den Gewürzen und dem Räucheröl abschmecken. Koriander fein schneiden.

BEILAGEN

Eingelegter Daikon-Rettich
Eingelegte Lunario-Zitrone
Honig-Trüffelmarinade

ANRICHTEN

Auberginen-Chutney mithilfe einer Schablone auf die Teller rechteckig aufstreichen. Die marinierten Gemüse auf dem Chutney schön platzieren und in Form eines Gemüsegartens aufsetzen. Auf der einen Seite Punkte mit der Daikoncreme setzen und auf der anderen Seite parallel die Lunario-Zitronenwürfel setzen.

Anita Jollit

ANITA JOLLIT ZUM OCHSEN

Restaurant zum Ochsen

DIE AUTODIDAKTIN HOLTE DEN STERN AUS DEM KOCHBUCH

Sie wollte nie nach dem Stern greifen. Als Hotelkauffrau hätte Anita Jollit lieber weiter in den schönsten Häusern dieser Welt gearbeitet. Doch dann erreichte sie einst in Paris unverhofft der Ruf aus der Heimat: Sie erbte das väterliche Wirtshaus »Zum Ochsen« in Karlsruhe-Durlach – und war fortan die Frau am Herd. Schnell avancierte die Autodidaktin zur ersten Sterneköchin in Baden-Württemberg. Bis heute beweist sie ihr Können in der Spitzengastronomie.

So lobt der »Gault Millau«: Die Trikolore weht zwar nicht über dem Haus, aber als französische Enklave geht der Ochsen dennoch glatt durch. Dafür sorgen schon seit 1981 Monsieur Gérard Jollit als charmanter Gastgeber, seine Frau Anita in der frankophil orientierten Küche sowie der linksrheinisch rekrutierte Service et bien sûr Sommlier-Routinier Serge Schwentzel.

In den Hotels war Anita Jollit stets von den Küchenchefs am gedeckten Tisch bedient worden. Nach der überraschenden Rückkehr musste sie selbst für die Gäste zaubern. Desserts hatte sie schon hin und wieder zubereitet, aber sonst? Sie verschlang Kochbücher, kochte Rezepte aus dem Fernsehen nach und übte früh morgens an Kompositionen, wenn keiner zusah. »Ich konnte weder einen Fisch filetieren, noch eine Grundsauce zubereiten.« Ihr Mann Gérard ist zwar gelernter Koch, doch der wollte nicht zurück in die Küche. Er agiert heute als Restaurantleiter und Geschäftsführer im Ochsen.

Die Frau am Herd, was in vielen Familien der Alltag ist, stellt in der Haute Cuisine immer noch die Ausnahme dar. »Der Beruf ist ziemlich Macho-dominiert«, sagt Anita Jollit. »Als Frau ist man immer noch eine Kuriosität.« Dabei findet sie, dass Frauen natürlicher kochen: Bei Männern wirke es oft wie beigebracht. Dies hielt die Sterneköchin nicht davon ab, bei dem Weltklassekoch Harald Wohlfahrt in die Kochtöpfe zu schauen.

Beim höchstdekorierten Küchenmeister in Baiersbronn lernte sie in einem Seminar die Kunst der Saucen. Und auch anderen Mâitres de cuisine zollt sie ihren Respekt. »Köche sind kreativer, weil Frauen in der Küche nicht so wagemutig sind«, urteilt sie.

Sie verzichtet auf modischen Schnick-Schnack sowie Ausflüge in die Küchenwelten anderer Kontinente und kocht gradlinig. Auch die Molekularküche lehnt sie ab: »Ich möchte erkennen, was ich esse.« Deshalb wirbt sie mit dem Slogan »Ein Stückchen Frankreich für Genießer« um Gäste. 1689, so heißt es in der Chronik, sei der »Ochsen« in Durlach von Truppen Ludwigs XIV. gebrandschatzt worden; heute nutzen die Jollits ihre Bande ins Schlemmerparadies, um beste Zutaten aus Frankreich zu beziehen.

Die Chefin sorgt dafür, dass in ihrer modernen Küche nichts anbrennt: Ihre saisonal ausgerichtete Karte garantiert Feinschmeckern einen abwechslungsreichen, hochwertigen Genuss. Im Sommer kocht sie leichte französisch-mediterrane Gerichte und in der kalten Jahreszeit tischt sie gerne Wild auf. Anita Jollit serviert auch erstklassige heimische Produkte wie das Schwäbisch-Hällische Landschwein, Flusskrebse aus dem Fränkischen, Schupfnudeln oder Spätzle. »Ich passe mich immer wieder an und probiere aus, beispielsweise auch Italienisches«, erklärt sie. Außerdem tranchiert sie ab und zu auch Fleisch und Fisch am Tisch.

Die harte Arbeit in der Küche, der bisweilen harsche Ton und die familienfeindlichen Arbeitszeiten – die Köchin, die zwölf Jahre lang einen Stern hielt, nennt mehrere Gründe, weshalb die Spitzengastronomie eine Männerdomäne ist.

Sie selbst hat einen Weg gefunden, um auch sich ein »savoir vivre« zu ermöglichen. »Ich habe meine Kinder in Paris bekommen. Und als wir dann hierher zurück sind, waren sie in der Karlsruher Europaschule, einer Ganztagesschule. Wir hatten Glück, dass unsere Kinder auch pflegeleicht waren«, erzählt sie.

Dennoch ist es ein harter Job: »Man muss immer dranbleiben, muss vorwärts gehen und darf sich nicht ausruhen.« Deshalb steht sie jeden Morgen um 6 Uhr auf und ist um 7.30 Uhr im Betrieb. Eine große Zahl an Stammgästen, aber auch viele junge Leute, die sich von ihr mit Menüs oder Business Lunch verwöhnen lassen, danken es Anita Jollit. Küchenpartys, Weinproben und andere kulinarische Events runden ihr breites Angebot ab. Und ist der Michelin-Stern vielleicht doch wieder ein Ziel? »Für mich persönlich nicht. Aber für das Haus wäre es schön«, sagt sie bescheiden.

Vielleicht gelingt dies auch Anita Jollits Sohn Alexandre, der seit 2011 Vater und Mutter im Ochsen unterstützt. Mit ihm werden Hotel, Restaurant und Vinothek in die zweite Generation geführt.

RESTAURANT ZUM OCHSEN
Pfinzstraße 64
76227 Karlsruhe-Durlach
www.ochsen-durlach.de

Nun geht es nach Norden zu Anita Jollit in Karlsruhe-Durlach. Die Strecke führt durch Erholungsgebiete zu einem der Tore des Schwarzwalds: Karlsruhe, auch bekannt als Fächerstadt. Einzigartig ist der strahlenförmige Grundriss mit dem barocken Schloss als Zentrum. Der größte Ortsteil Durlach ist älter als die einstige barocke Residenz.

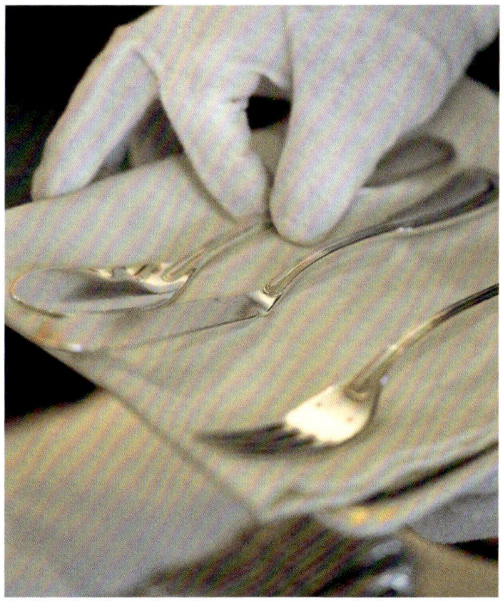

DIESER BERUF IST IMMER NOCH ZIEMLICH MACHO-DOMINIERT. DA IST MAN ALS FRAU IMMER NOCH ›NE KURIOSITÄT.‹

» MEIN STAMMPUBLIKUM IST MIR AUCH OHNE STERN TREU GEBLIEBEN.
UND NEUE GÄSTE SIND HINZUGEKOMMEN – JENE, DIE GUT ESSEN WOLLEN,
ABER SICH NICHT IN EIN STERNERESTAURANT TRAUEN.
DIESE SCHWELLENANGST FÄLLT BEI UNS WEG. «

BEI MIR WIRD ALLES VERARBEITET.

STEINPILZE MIT KARTOFFEL-COULIS

Zutaten für 4 Personen

Steinpilze Royal
200 g frische Steinpilze
1 Schalotte und 1 Knoblauchzehe
1 kleiner Bund Petersilie
Butter
Salz und Pfeffer
1/4 l Milch
1/4 l Sahne
3 ganze Eier
2 Eigelb

Kartoffel-Coulis
Kartoffelpüree aus 500 g Kartoffeln
Hühnerbrühe bzw. Gemüsebrühe
Butter und Sahne nach Geschmack
Trüffel nach Geschmack

STEINPILZE ROYAL

Steinpilze säubern und klein würfeln, Schalotte und Knoblauch sowie Petersilie fein hacken.
Knoblauch und Petersilie mit Butter in einer Pfanne ohne Farbe glasig anschwitzen, gehackte Steinpilze zugeben und garen.
Salz und Pfeffer und die gehackte Petersilie zugeben.
Mit einem Stabmixer Milch, Sahne und Eier mischen. Die fertig gegarten Steinpilze dazugeben und gut vermischen.
In Formen abfüllen und in Umluft 100° ca. 10 bis 15 Minuten stocken lassen.

KARTOFFEL-COULIS

Kartoffelpüree herstellen, mit Hühnerbrühe bzw. Gemüsebrühe flüssig rühren. Butter und Sahne nach Gusto dazugeben und mit gehacktem Trüffel abschmecken.
(Als Alternative mit Trüffelbutter oder Trüffelöl)
Kartoffel-Coulis passt auch wunderbar nur mit Schnittlauch oder Petersilie gewürzt.

ANRICHTEN

Kartoffel-Coulis als Spiegel auf den Teller gießen, Steinpilze-Royal aus der Form stürzen, als Alternative noch einige gebratene Steinpilze dazugeben.

Sören Anders

SÖREN ANDERS ANDERS AUF DEM TURMBERG

søren anders

SEIN NAME IST BEI IHM PROGRAMM: ANDERS. SÖREN ANDERS.

Häufig tritt der Koch im T-Shirt mit der Aufschrift »Ich bin anders« auf. Die Wortspiele setzen sich auf seiner Homepage fort. »Alles is(s)t anders« steht dort geschrieben. Oder: »Vieles ist gut. Anders ist besser.«

Sagen wir es mal anders herum: Sören Anders (Jahrgang 1985) markiert einen neuen Trend im Universum der Feinschmecker und Genießer. Als Deutschlands jüngster Sternkoch erhielt der gebürtige Hesse fast pünktlich zum 24. Geburtstag in der »Oberländer Weinstube« in Karlsruhe den Michelin-Stern. Für den »Focus« gehört der jugendliche Aufsteiger, der inzwischen im »Anders auf dem Turmberg« in Karlsruhe-Durlach kocht und auftischt, zu den hundert einflussreichsten Deutschen. BILD platzierte ihn in einer Liste junger Leute, denen die Zukunft gehört.

»Gutes tun. Anders sein« – unter diesem Motto engagiert sich der Newcomer aber auch gern für sinnvolle Charity-Projekte, wobei ihm »besonders die Kinder am Herzen liegen«, wie er sagt. Sein Credo lautet: Regionales mit ungewöhnlichen Aromen zu einem neuen Genusserlebnis erhöhen; wobei glückliche und zufriedene Gäste sein Antrieb sind: »Der Gast ist König«. Und bei seiner Vision kommt wieder der Name ins Spiel: Immer Anders sein. Immer Anders bleiben. Doch allein damit wäre Sören Anders, der schon als 3-Jähriger den Berufswunsch Koch geäußert hatte, sein Aufstieg nicht gelungen. Jeden Tag beweist er in seinem Restaurant, dass Spitzenleistungen auch mit jungenhafter Frische und unkonventioneller Herangehensweise möglich sind. Die solide Basis dafür hat er sich mit Disziplin und großem Ehrgeiz erarbeitet. »Als Azubi war mir völlig klar, das ist mein Metier, hier will ich ganz nach oben«, berichtet er. Auf Stationen bei den Sterneköchen Jörg Sackmann, Helmut Thieltges und Thomas Bühner nahm er viel Wissen mit, genau wie in der Meisterschule in Heidelberg, die Anders, in der Realschule eher Entertainer als Musterschüler, mit Bestnoten abgeschlossen hat.

»Wenn aus etwas Einfachem etwas Großes entsteht, aus Vertrautem ein neuer Genuss wird, dann stehe ich am liebsten am Herd«, erklärt der Aromakünstler, der die Tester der Gastro-Bibeln mit seinem breiten Repertoire und mit Gerichten wie die sorgsam mit Kirschgelee beglänzte Gänseleber als Block und Roulade mit Gänseleber-Eis, Kirschen, Mandeln, Mandelmilch und Amarettini-Brösel begeistert.

So extrovertiert und extravagant Sören Anders gelegentlich in der Öffentlichkeit auftritt, so sympathisch und geradezu bescheiden gibt er sich in seinem Restaurant.

Dies gilt auch für die Preise in seinem Sterne-Restaurant. Gute Küche soll »nicht nur etwas für Einzeltäter und Schaltjahre sein«, sondern ein Genuss, den man sich öfter gönnen und leisten kann, erklärt er seine Preispolitik. »Anders auf dem Turmberg bleibt an sieben Tagen der Woche ein Zufluchtsort für Genussüchtige – unkompliziert, weniger formell und durchaus stylisch«. Und seit April 2014 in neuem Outfit. Denn Anders superior und die Turmberg Brasserie, zwei bisher getrennte gastronomische Konzepte, hat der Sternekoch zu einer Einheit zusammengeführt – was auch bedeutet: Schluss mit den teuren Sitzmöbeln und den edlen Tischdecken.

Daneben findet der kulinarische Überflieger noch Zeit für Auftritte im Fernsehen, für Dinner-Shows im Spiegelzelt, Catering und soziale Tätigkeiten. Perfekt absolviert er auch diese Parts. Zudem geht er noch auf die Jagd und kultiviert Bienenvölker, um eigenen Honig zu produzieren. »Ja, Sie sind tatsächlich ganz anders«, attestierte ihm selbst der TV-Star Frank Elstner anerkennend.

Bei so vielen Qualifikationen und Alleinstellungsmerkmalen liegt es auf der Hand, dass Sören Anders anders sein will. Und zwar bewusst: »Du heißt Anders, also ist es auch an der Zeit, anders zu werden«, sagt der Koch. Vorbilder hat er keine. »Wenn man sich an ein Vorbild hält, steht man immer im Schatten«, sagte er in einem Interview. Deshalb macht er die Dinge »eigenständig«. Und zwar gemeinsam mit seinen Mitarbeitern, von denen er »Charakter, Willensstärke und Sozialkompetenz« erwartet.

Trotz aller Kreativität kennt Anders, der sich als Künstler und Handwerker sieht, auch die Basis seines Erfolgs: Die Rohstoffe, aus denen seine Küchenschätze entstehen. Ohne ein Qualitätsprodukt als Grundlage, sagt er, sei der »beste Koch eine Niete«. Er zieht lieber das große Los, in dem er und seine Küchen-Crew sich bei allem, was auf den Teller kommt, »auf heiß, lecker und sauber« konzentrieren.

Fleisch serviert Anders hauptsächlich seinen Gästen, privat isst er davon »sehr wenig«, weil es ihm Gemüse auch tut. Er müsse nicht unbedingt von Fleisch satt werden, es gebe ja auch schöne Beilagen. An einem kommt der Sternekoch aber schon seit seiner Jugend nicht vorbei: An den legendären Apfelpfannkuchen seiner hoch betagten Tante Anni. Mit ein paar Eiern, ein bisschen Mehl, Milch und einigen Äpfeln sei dieses »Lieblings- und Leibgericht« schnell zuzubereiten. »Die habe ich schon mit vier Jahren selbst gemacht.« Und damit gewissermaßen die erste Etappe zum heutigen Beruf und zum »Anders sein« gelegt. Klar, dass das Rezept von Tante Anni sogar einen Ehrenplatz in des Neffens erstem Kochbuch bekommen hat.

RESTAURANT
ANDERS AUF DEM TURMBERG
Reichardtstraße 22
76227 Karlsruhe-Durlach
www.anders-turmberg.de

In Durlach hat sich mit Sören Anders ein zweiter Sternekoch niedergelassen. Der Stadtteil ganz im Osten der Stadt wird oft als »Mutter« Karlsruhes bezeichnet. Mittelalterliches Flair prägt die Altstadt. Das Schloss beherbergt heute das Pfinzgaumuseum. Weitere Infos unter *www.karlsruhe-tourismus.de.*

» ES GILT IMMER WIEDER, NEUES ZU ENTDECKEN UND AUSZUPROBIEREN. «

DER VOGEL MACHT DIE MUSIK – NICHT DER KÄFIG!

STEINBUTT AUF OCHSENBACKE STROGANOFF 2012

Zutaten für 4 Personen

Ochsenbacken

5 *Ochsenbacken*
4 *Karotten*
3 *Metzgerzwiebeln*
1 *Stange Staudensellerie*
1/2 Bund *Rosmarin*
1/2 Bund *Thymian*
3 *Lorbeerblätter*
5 *Wacholderbeeren*
5 *Ganze schwarze Pfefferkörner*
3 *Körner Piment*
Tomatenmark
Roten Kochwein

Steinbutte

4 *Steinbuttstücke à 150 g*
1 l *Olivenöl*
Salz und Pfeffer

Rinderjus

20 kg *Rinderknochen*
10 *Karotten*
10 *Zwiebeln*
3 *Knollensellerie*
200 g *Tomatenmark*
4 l *Roter Kochwein*
0,75 l *Madeira*
0,75 l *Roten Portwein*
15 *Lorbeerblätter*
15 *Wacholderkörner*
15 g *Langer Pfeffer*

OCHSENBACKEN

Die Ochsenbacken würzen und mehlieren. In Pflanzenfett beidseitig anbraten und in einen Gastronomiebehälter geben. In der gleichen Pfanne die Karotten, Metzgerzwiebeln und Staudensellerie rösten, mit Tomatenmark abbrennen und mit Rotwein ablöschen. Danach etwas einkochen lassen, Gewürze hinzufügen und über die Ochsenbacken geben. Die Backen dann 12 Stunden bei 62 Grad schmoren.

STEINBUTTE

Backofen auf 100 °C Ober- und Unterhitze (Gas Stufe 1) vorheizen. Steinbuttstücke abspülen, trockentupfen und nebeneinander in eine Auflaufform legen. Mit Olivenöl vollständig bedecken. Ca. 15 Minuten im Ofen garen. Fisch abtropfen lassen, mit Salz und Pfeffer würzen.

RINDERJUS

20 kg Rinderknochen im Ofen bei 200 °C rösten. Karotten, Zwiebeln, Knollensellerie im Kipper rösten, tomatisieren und mit rotem Kochwein, Madeira und rotem Portwein nach und nach ablöschen. Knochen zugeben und mit Wasser auffüllen und immer wieder runterkochen.

BEILAGEN

Rote Bete, Senfsaat, Sauerrahmgelee, Kartoffel-Esspapier

GARNITUR

Eine Essiggurke in 5 mm dicke Scheiben schneiden, Senfsaat, Kartoffelpapier und Dill ausgarnieren.

Manfred Schwarz

MANFRED SCHWARZ

DAS KLEINE SCHWARZE

Manfred Schwarz

DER VEREDLER DES SAUMAGENS VERWÖHNTE KÖNIGE UND STAATSMÄNNER

Er hat den legendären Pfälzer Saumagen für die Gaumen von Prominenten und Gourmets veredelt. Seit vielen Jahren richtet Manfred Schwarz nun schon die regionale Spezialität auch für die Feinschmecker in Baden-Württemberg an. 14 Jahre lang, von 1989 bis 2003, wirkte der Lieblingskoch von Ex-Bundeskanzler Helmut Kohl im »Deidesheimer Hof« in Deidesheim, ehe er über den Rhein in den Südwesten zurückkehrte und hoch über den Dächern von Heidelberg bis Ende 2013 seine leichte Küche mit französisch-italienischen Akzenten und verfeinerten regionalen Spezialitäten servierte.

Nach seinem erfolgreichen, zehn Jahre langen Wirken in »schwarz Das Restaurant« im zwölften Stock der Print Media Academy mit Blick aufs Schloss, den Neckar und die Bergstraße wollte Manfred Schwarz (Jahrgang 1956) etwas ganz Neues machen und eigentlich die Gastronomie auf der Götzenburg des Freiherrn von Berlichingen in Jagsthausen übernehmen. Doch daraus wurde nichts und inzwischen steht er in einer ganz ähnlich ungewöhnlichen Location am Herd: Der gebürtige Waiblinger betreibt seit Ostern 2014 auf dem Gelände des Golfclubs Bruchsal ein neues interessantes gastronomisches Projekt. »Stinklangweilige Locations waren noch nie mein Ding«, lässt er weiter ungebrochenen Tatendrang erkennen.

»Ein Traum hat sich für mich verwirklicht. Denn hier kann ich zweigleisig fahren«, schwärmt der seit einem Vierteljahrhundert mit Sternen dekorierte Koch. Neben dem Club-Restaurant »Lago«, in dem regionale Spezialitäten sowohl für die Clubmitglieder wie auch für externe Gäste aufgetischt werden, präsentiert der Küchenmeister im Gourmetrestaurant »das kleine schwarze« auch weiterhin seine französisch-italienisch ausgerichtete Küche auf Sterne-Niveau. Und nicht wenige trauen dem ehrgeizigen Koch zu, dass er es schaffen kann, als erstes Restaurant auf einer deutschen Golfanlage den begehrten Michelin-Stern zu holen. Er selbst setzt sich nicht unter Druck: »Wenn der Stern kommt, ist es sehr gut. Wenn nicht, gibt es trotzdem feine Küche bei mir.«

Denn Manfred Schwarz ist fest entschlossen, auf dem Golfplatz unweit seines Wohnorts Hambrücken seine kulinarischen Höhenflüge fortzusetzen. Die Basis für seinen Aufstieg in den Kreis der Sterneköche hatte Schwarz einst in bekannten Gourmettempeln gelegt, im »Bareiss« in Baiersbronn, im »Tantris« in München, in den »Schweizer Stuben« in Wertheim und im »Crocodile« in Straßburg. Zurück im »Bareiss« erkochte sich Schwarz innerhalb von zwei Jahren zwei Michelin-Sterne – als jüngster Deutscher mit 28 Jahren und schneller als Paul Bocuse, der legendäre Küchenmeister aus Lyon. »Von allen habe ich das Beste in mir aufgesaugt«, erzählt er.

Doch erst im »Schwarzen Hahn« in Deidesheim machte Helmut Kohl dem gebürtigen Schwaben Appetit auf des Kanzlers Leibgericht, die rustikale Mischung von Fleischstückchen und Kartoffeln, verpackt in einem Schweinemagen. »Mein lieber Schwarz! Gänselebertrüffel und Hummer sind nichts für mich, aber unsere gute regionale Küche«, habe der gewichtige Kanzler ihm damals beschieden, was er sich auf dem Teller wünscht.

Fortan servierte Schwarz die Pfälzer Spezialität nicht nur Kohl, sondern auch dessen Staatsgästen. »Ich habe alle Großen dieser Welt bekocht«, erzählt der Schwabe stolz. Ob Margret Thatcher, Michail Gorbatschow, Boris Jelzin, Vaclav Havel, Queen Elizabeth II. und König Juan Carlos oder José Carreras, Shirley Bassey, Ferdinand Piech, Thomas Gottschalk, Michael Schumacher und die Rolling Stones – alle durften Kohls Leibgericht kosten, oft als marinierte Scheibchen in lauwarmer Estragonvinaigrette mit Rapunzelsalat präsentiert. Und stets mit der ihm eigenen Mischung aus Qualität, Perfektion und Leidenschaft für die Sache.

Daneben setzte der Gourmetkoch seine jahrelange Erfahrung auch als Berater ein und bot mit seinem Consulting Küchenplanung, professionellen Full-Service und Entwicklung eines Corporate Designs an. Seit vielen Jahren berät er Aldiana, die Premium-Marke der Thomas Cook AG. Außerdem hat der Schwabe eine Investorengruppe bei der Neupositionierung eines Restaurants und zweier Weingüter begleitet.

Trotz aller Internationalität hat Manfred Schwarz die Liebe zur Regionalität nicht verloren. Auch heute noch steht er – mehr denn je – dazu: »Ich muss doch nicht mit Kaviar und Hummer um mich werfen, um etwas Gutes zu bieten.« So kommen bei ihm auch Strudel aus Blut- und Leberwurst – Jelzin bat ihn sogar um dieses Rezept – oder als »Gekräuseltes« getarnte Kalbskutteln auf den Tisch. Natürlich verlangen seine Gäste auch nach Hummer, Steinbutt und Gänseleber – »doch die Gäste wünschen sich zunehmend mehr Gutes und Traditionelles aus der Region«, betont der kommunikative chef de cuisine zu der »Rückbesinnung«.

Gerade die neue Aufgabe in der Golfclub-Gastronomie ist für den Koch Schwarz eine ebenso so große Herausforderung in der Küche wie für den Golfer Schwarz (Handicap 10,5!) auf dem Green. »Meine Möglichkeiten sind hervorragend und das Konzept mit einem breiteren Spektrum als bisher kann zu einem Riesenerfolg werden«, sagt er. Immerhin sind nicht nur die 1000 Mitglieder in Bruchsal-Langental, sondern auch Schwarz' bisherige Stammgäste eine gute Klientel, die nun zweigleisig bedient werden können. Schwarz selbst liebt »die andere und vielseitigere Art zu kochen«, für Golfer und Geschäftsleute ebenso wie für Familienfeiern und sonstige Feste.

Wäre es nach seiner Mutter gegangen, würde sich Schwarz heute allerdings um Kranke kümmern. »Ich sollte meinem Vater folgen und Mediziner werden«, sagt der Arztsohn aus Waiblingen: »Sie wollte mich immer im weißen Kittel sehen.« Den habe ja er jetzt trotzdem an, stellt er mit einem Schmunzeln fest. Allerdings habe ihm sein Vater stets zugeraten. »Gute Ärzte gibt es viele, aber nicht viele gute Köche. Werde Du einer – dann habe ich auch etwas davon.«

Wie schon mit der »Top-Location« in Heidelberg ist Manfred Schwarz auch bei den Restaurants im Golfclub Bruchsal überzeugt vom wirtschaftlichen Erfolg. Das Neue, das Moderne, reize ihn genauso wie das klassische Regionale. Ohnehin sind Kreativität, Perfektion und Durchhaltevermögen die Zutaten seines Erfolgs. »Ein guter Koch muss hart an sich selbst arbeiten. Jeder Tag bringt einen neuen Gast, der an diesem Tag gut essen will. Für meine Gäste möchte ich immer die volle Leistung bringen«, erklärt der Vater von drei Kindern, der in Bruchsal nicht nur fürs Golfen mehr Zeit haben wird, sondern vielleicht auch für die Fahrten mit seiner Harley.

RESTAURANT DAS KLEINE SCHWARZE
Golfclub Bruchsal
Langental 2
76646 Bruchsal
www.schwarzdasrestaurant.de

Nicht weit entfernt von Karlsruhe liegt Bruchsal, wo Manfred Schwarz sein Gourmetrestaurant im Golfclub betreibt. Die Stadt am westlichen Rand des Kraichgaus ist Station an einigen touristischen Straßen: der badischen Spargelstraße, der badischen Weinstraße und der Bertha Benz Memorial Route. Weitere Infos unter *www.bruchsal-erleben.de*

» HEUTE WIRD EHER WIEDER WERT
AUF EINE GESUNDE KÜCHE GELEGT. «

» DIESE ART VON KOCHEN, WIE ES HEUTE IM FERNSEHEN PRAKTIZIERT WIRD, SIND REINE UNTERHALTUNGSGESCHICHTEN, DIE ICH IN DIESER ART FÜR ÜBERTRIEBEN HALTE UND FÜR MICH SELBST NICHT INFRAGE KOMMEN. «

» IM MITTELPUNKT STEHT IMMER DER GAST, DER MIT GANZ UNTERSCHIEDLICHEN ANSPRÜCHEN KOMMT. «

PFÄLZER SAUMAGEN

Zutaten für 10 Personen

Für die Füllung

1500 g Schweinefleisch (Nacken oder Schulter)
1500 g Kartoffeln
1500 g Gemischtes Hackfleisch

Für die Würzmischung

3 EL Salz
1/2 TL Pfeffer
1/2 TL Muskat
1 TL Majoran, getrocknet
1/2 TL Koriander
1/2 TL Nelkenpulver
1/2 TL Thymian
1/2 TL Kardamom, gemahlen
1/2 TL Basilikum, getrocknet
1 Kleines Lorbeerblatt, geschnitten
50 g Zwiebeln, gewürfelt
1 Saumagen (muss beim Metzger vorbestellt werden)
Salz

PFÄLZER SAUMAGEN

Schweinefleisch vom Fett trennen, Kartoffeln schälen, in 1 cm große Würfel schneiden. Kartoffeln 2 Min. kochen.

Fleisch, abgetropfte Kartoffeln und Mett in einer großen Schüssel vermischen, mit den Gewürzen abschmecken.

Den Saumagen unter fließend kaltem Wasser gründlich waschen und mit Küchenpapier trocken tupfen.

Zwei der drei Saumagenausgänge mit Küchengarn (zur Not kann man Paketgarn verwenden) fest zubinden. Die Füllmasse durch die dritte Öffnung geben, ebenfalls gut zubinden (Magen nicht zu prall füllen, damit er nicht platzt).

Salzwasser zum Kochen bringen, Saumagen dazugeben, bei geringer Hitze 3 Stunden garen, nicht kochen lassen. Den Saumagen aus dem Sud nehmen und auf einem vorgewärmten Teller einige Minuten abtropfen lassen. Erst am Tisch in Scheiben schneiden.

BEILAGEN

Weinkraut und Kartoffelpüree

Alternativ: Scheiben kurz anbraten

Tommy R. Möbius

TOMMY R. MÖBIUS

DIE ENTE

SEE HOTEL

BEIM IHM LIEGT DER STAR AUF DEM TELLER

Nein, schweigsam-verschlossen ist er nicht, kein introvertierter Typ, der nur am Herd zu Hochform aufläuft und ansonsten andere brillieren lässt. Tommy R. Möbius ist ganz anders; sehr energisch, selbstbewusst, überzeugend und raumgreifend im Auftritt. Ihn ein »enfant terrible« zu nennen, wird ihm sicher gerecht. Er würde es keinem übel nehmen. Der »wilde Koch von Ketsch« steht gewissermaßen in der Pflicht, laut zu sein, damit man ihn hier in der absoluten Provinz überhaupt wahrnimmt. Möbius muss die große Pauke spielen, die Triangel bringt ihn nicht weiter. Das Schöne daran: Man hört ihm gerne zu. Als er noch in Wien kochte, zuerst bei Fabio Giacobello, dann bei Walter Bauer, denen er beide jeweils einen der begehrten Michelin-Sterne erkochte, da musste er eigentlich nur in der Küche zaubern. Bei Walter Bauer war Möbius der zweitbeste Mann in der Stadt, einer der zehn besten im ganzen Land, mehr wollte der Freund gehobener Küche in Wien nicht wissen.

Im flachen Land der Kurpfalz hat er es zwar mit einem aufgeschlossenen Menschenschlag zu tun, mit Gästen, die offen sind für Neues und experimentierfreudig und dennoch gelegentlich launenhaft, kurpfälzisch eben. Aber darauf zu hoffen, dass sich herumspricht, dass in Ketsch einer ordentlich kochen kann, reicht längst nicht aus. Freilich kommt dem gebürtigen Sachsen sehr entgegen, dass ihm eine gute Portion Wortgewandtheit in die Wiege gelegt wurde. In Argumentationsnöte wird er wohl so schnell nicht kommen.

Tommy R. Möbius hat sich früh vorgenommen, mit dem was er tut, maximale Wirkung zu erreichen. Das hat er schon bei seiner allerersten Arbeitsstelle verinnerlicht: Das, was auf dem Teller liegt, ist der Star. »Daran habe ich mich bis heute gehalten und zu meiner Koch-Philosophie gemacht.« Das war kurz nach seiner dramatischen Flucht in den Westen. Mit seinem Vater war er im November 1989 unter Lebensgefahr über die tschechische Grenze in die Bundesrepublik geflüchtet – und kam Stunden vor Schabowskis Erteilung der Reisefreiheit in Köln an. »Zwei Stunden später stand meine Schwester aus Leipzig vor der Tür.«

Zwei Jahre arbeitet er beim großen Joachim Wissler, drei Sterne und 19,5 Punkte, Möbius' Vorbild bis heute und wichtigster Lehrmeister, der ihn mit neuen Produkten und Techniken vertraut machte und »mich die Erbarmungslosigkeit der wirklichen Spitzengastronomie spüren ließ«. Von Wissler wechselte Möbius zu Martin Scharff, damals noch in der Wartenberger Mühle, heute im Heidelberger Schloss, dann zu Armin Karrer nach Stuttgart. Schließlich lockte das Ausland. Bei Giacobello wurde er 2004 von Gault Millau zum Newcomer des Jahres gekürt, bei Walter Bauer zum »kreativsten Koch Österreichs« (»À la carte Guide«). Nach sechs erfolgreichen Jahren bei Bauer ergab sich die Gelegenheit, wieder nach Deutschland zu wechseln.

Tommy R. Möbius sieht sich gern als der bedingungslose Dienstleister, einer, den der Gast nirgends anders als in seiner Küche vermutet und weder bei Fernsehauftritten noch bei den Messen oder Präsentationen von Firmen. »Der Gast hat es verdient, dass ich am Herd stehe«, sagt er. »Ich stehe in der Schuld der Leute, die für ihr Menü bezahlen.« Er glaubt zwar, dass er manchen TV-Koch glatt an die Wand spielen könnte, aber »Fernsehen ist nicht mein Thema«.

Der Herd allein macht ihn allerdings nicht zum cleveren Küchenchef. »Geld wird nicht am Herd verdient, sondern am Schreibtisch.« Will heißen: Am Ende muss bei aller Kochkunst eine schwarze Zahl herauskommen. Man werde mit Sterne-Küche keine Reichtümer erwirtschaften, ist er sich sicher, aber Geld lasse sich damit durchaus verdienen. Das verlange eine konsequente Hand beim Wareneinsatz. Ein bisschen Finanzjongleur müsse man als gastronomischer Leiter schon sein. Ja, und natürlich über den sprichwörtlichen Tellerrand hinausgucken.

Apropos: Ist das, was heute auf den Teller kommt, nicht alles schon mal dagewesen, die gehobene Küche nicht längst zu Ende erfunden? Ja und Nein. Es wurde eigentlich alles schon mal gekocht, gibt Möbius gern zu. Und dennoch sieht er die Chance, immer wieder Neues zu kreieren. Er sagt: »Wir gehen zum Ursprung zurück.« Das erlaube, aus einfachen Dingen etwas Großes zu machen. Einer schlichten Makrele oder einem aus dem Mode gekommenen Kesselfleisch, Kalbsbäckchen oder Graupen kann er neue Varianten abgewinnen, mit der man die Gäste jedes Mal neu überrascht. »Bei einfachen Dingen kann man erst das wahre Handwerk erkennen«, sagt Möbius sehr überzeugt. Beim Steinbutt sei das klar: Er steht für sich selbst, so wie ein Porsche 911 keine zusätzlichen Heckspoiler benötige. Sonst hätten ihm die Designer welche mit auf den Weg gegeben.

Möbius ist ein rigoroser Freund der Einfachheit. In einer Zeit, in der »alles kompliziert gemacht wird«, sucht er das Einfache, um es aufzuwerten. Er warnt vor überzogenen

Erwartungen. »Locker bleiben, es geht um Essen und Trinken, um mehr nicht.« Er meint das wörtlich: Es ist schön, wenn der Gast am Tisch über seine gastrosophische Interpretation schmunzeln kann, weil er damit nicht gerechnet hat. Dafür steht er gern in der Küche und lässt das Kalbsbäckchen 48 Stunden lang zu einem kulinarischen Highlight werden.

Wie kommen er und seine neun Köche überhaupt auf neue Ideen? »Eine simple Sache«, behauptet er. Die Truppe ist motiviert und fragt sich stets: Was macht uns selbst an? Einer schreibt eine Idee auf, andere notieren, was ihnen dazu einfällt. So entwickelt sich mal ganz spielerisch ein Gericht, was dann die Frage aufwirft, wie man die Idee auf den Tisch bringt. Der Prozess kann Monate dauern, manches fällt aber auch sang- und klanglos durch, wird zu den Akten gelegt und vielleicht eines Tages wieder belebt. Natürlich muss am Ende Möbius' Handschrift erkennbar sein, »mindestens der letzte Touch ist von mir«. Für diese eigene Handschrift hat er acht Jahre gebraucht; sie hat ihm letztlich den Erfolg beschert. Möbius ist sich sicher, dass seine Arbeit bei einem Vergleich sofort erkennbar ist.

Bei der Gestaltung der Speisekarte dürfe man nie auf den Michelin-Stern oder andere Auszeichnungen schielen. Gut ist, was schmeckt. Was nicht ankommt, fliegt wieder von der Karte. Kalbsbries ist so ein Gericht, von dem viele Köche sagen: Geht nicht. Geht doch, sagt Möbius. Das Grundprodukt ist entscheidend, und wenn das perfekt ist, funktioniert es. Tricksen könne man da nicht. Ehrlichkeit dem Gast gegenüber ist ihm wichtig. Seine Gäste jedenfalls mögen Kalbsbries. Dafür legt er Wert auf das gute Ausgangsprodukt, industriell gefertigten Lebensmitteln hat er den Kampf angesagt.

Ein guter Koch müsse sich heute viel mehr drehen und wenden als früher, Stillstand ist der Tod, sagt Möbius. Er weiß zwar, welche Weichen man stellen muss, damit ein Gericht auf Wohlgefallen stößt, aber das verlangt volle Konzentration.

Und was isst er selbst gern, was sind seine persönlichen Favoriten? Das, was seine Mutter kochte zum Beispiel und alles, was er selbst kocht. »Jedes Gericht auf der Karte esse ich selbst gern.«

RESTAURANT DIE ENTE
IM SEEHOTEL
Kreuzwiesenweg 5
68775 Ketsch
www.seehotel.de

Wir bleiben im Spargelgebiet. Es ist nur ein kurzer Weg zu Tommy R. Möbius in Ketsch. Dieser Ort wird auch als »Enderlegemeinde« bezeichnet nach dem sagenumwobenen Schultheiß, der sich gegen die Obrigkeit auflehnte. Ketsch punktet mit Naturparadiesen, wie der Rheininsel und dem Anglersee. Weitere Infos unter *www.ketsch.de*

» ICH HABE DEN EINDRUCK, DASS ES HEUTE TEILWEISE GAR NICHT
MEHR UMS KOCHEN GEHT, SONDERN UM DEN GANZEN FIRLEFANZ DRUM HERUM.
DA WIRD STUNDENLANG ÜBER ERBSENPÜREE UND DESSEN KONSISTENZ PHILOSOPHIERT,
ANSTATT SICH AUF DEN EIGENTLICHEN BERUF ZU KONZENTRIEREN.
DAS IST DOCH KOMPLETTER SCHMUS! «

KOCHEN IST MEIN LEBEN. DAFÜR GEBE ICH ALLES.

» NATÜRLICH IST DER BEGRIFF REGIONALITÄT MITTLERWEILE INFLATIONÄR. ABER ICH VERWENDE VOM FISCH ÜBER GEMÜSE BIS HIN ZU FLEISCH ALLES AUS DER REGION. DIE BEINHALTET FÜR MICH JEDOCH DEN UMKREIS SYLT BIS BERCHTESGADEN. «

DER SCHWEINBUTT – IBÈRICO SCHWEINERIPPCHEN UND BRETONISCHER STEINBUTT

Zutaten für 6 Personen

1500 g Bretonischer Steinbutt (Profitipp: Umso grösser der Steinbutt, umso besser der Geschmack und die Optik)
1 Strang Spareribs vom Ibèrico Bellotta Schwein
250 g Butter
100 g Kleine Pfifferlinge
50 g Geschälte Saubohnen
3 Mittelgroße Zwiebeln
30 g Butter
3 Große mehlige Kartoffeln
100 ml Frischmilch
8 Zweige Majoran
100 ml Kalbsjus
100 ml Fischfond
Petersilie
Melange Noir
Flor de Sal
Muskat
Cayennepfeffer

ZUBEREITEN

Den Fisch vom Kopf trennen und der Länge nach halbieren, daraus gleichmäßige Koteletts schneiden und am Grätenende den Rand wegschneiden, sodass die Gräten sichtbar werden. Unter kaltem Wasser säubern und trockentupfen, kaltstellen. Sollten Gräten übrigbleiben, daraus einen klaren Fischfond kochen, um später diesen reduzieren zu können.
Die Spareribs in einzelne Rippen schneiden, von überschüssigem Fett befreien und am oberen Rand das Fleisch wegschneiden, sodass man den Knochen sehen kann. Mit Flor de Sal und schwarzem Pfeffer aus der Mühle würzen und in einer Pfanne scharf anbraten. In einem Topf 250 g Butter zum Schmelzen bringen, Sparerips einlegen, den Majoran hinzugeben und bei kleiner Flamme garziehen, bis sie schön weich sind. Sollten noch Fleischreste übrig sein, kocht man daraus einen Jus. Ansonsten wird ein Kalbsjus verwendet, die am Vortag zubereitet wurde.
Kurz vor dem Servieren die Spareribs so lange glacieren, bis sie komplett mit dem Jus überglänzt sind.

Die Zwiebeln in feine Streifen schneiden, mit Flor de Sal und Pfeffer würzen und mit etwas Butter in einem flachen Topf weich dünsten, dann rösten. Diese Masse in einer Küchenmaschine fein mixen und gegebenenfalls nachwürzen. In eine Spritzflasche abfüllen und warm stellen. Die Kartoffeln in der Schale mit Salz und Kümmel weichkochen, in einem Ofen bei 180 Grad ausdämpfen lassen, schälen, pressen und mit Butter, Salz, Muskat und einer Prise Zucker zu einem Püree verarbeiten. Dieses Püree durch ein feines Sieb streichen und abgedeckt warmstellen. Die Pfifferlinge allesamt putzen, scharf anbraten, würzen und mit fein geschnittener Petersilie sowie Salz und Pfeffer abschmecken. Ich persönlich nehme einen Tropfen Knoblauchöl hinzu, um den Geschmack zu intensivieren. Wenn sie keine Pfifferlinge bekommen, so können sie auch Wiesenchampignos verwenden. Die Saubohnen kurz in sprudelndem Wasser blanchieren, in Eiswasser abschrecken und von der Schale befreien. Mit etwas Zwiebelschmelze kurz sautieren, würzen und warmhalten.

ANRICHTEN

Profitipp: Nehmen sie möglichst einen großen Teller um die einzelnen Komponenten besser in Szene setzen zu können.

Den Steinbutt würzen und in einer Pfanne auf der Grätenseite anbraten und erst zum Schluss mit einem Stich Butter auf der Fleischseite fertig braten. Das Röstzwiebelpüree auf dem Teller punktieren. Mit dem heißen Kartoffelpüree einen Schweif ziehen, die abgeschmeckten Saubohnen reinfallen lassen. Die Pfifferlinge in einer Reihe aufstellen, den Fisch und die glasierte Rippe anlegen. Mit dem Kalbsjus einen filigranen Faden ziehen und mit dem reduzierten und mit Butter gebundenen Fischfond die Zwischenräume ausfüllen. An den Röstwiebelpunkten gezupfte Majoranblätter reinstecken. Das hier verwendete Salz kommt aus Es Trenc/Mallorca.

Dazu passt: Kalbsjus, Fischfond

Juan Amador

JUAN AMADOR AMADOR

MENÜS SIND VERGLEICHBAR MIT DER MUSIK VON BEETHOVEN

Mannheim. Stadtteil Neckarau. Keine Schwarzwälder Barockpracht, nirgendwo luxuriöse Schlossherrlichkeit. Stattdessen: ein Industriepanorama mit dem mächtigen Großkraftwerk. Dann, neben einem »cash&carry«-Markt, das »Amador« in einem Fabrikgebäude aus der Gründerzeit des 19. Jahrhunderts. Die alte »Schildkröt« produzierte einst Celluloid-Puppen, heute residiert hier Juan de la Cruz Amador, dem Baden-Württemberg das dritte Drei-Sterne-Restaurant verdankt. Verrückt? In Japan sind Top-Restaurants in U-Bahn-Stationen untergebracht, in den USA bieten Einkaufszentren »fine dining« an. »Die Sterne«, sagt Amador, »liegen doch auf dem Teller.«

Man taucht in eine beinahe surreale Welt ein. Der Backsteinbau dient lediglich als Kulisse für die elegante, mondän gestylte Bühne des Avantgarde-Künstlers. Kühles, puristisches Weiß empfängt den Gast. Unterbrochen wird es nur durch das knallige Rot der kreisrunden Teppiche und der sich zur Decke reckenden, Licht spendenden Röhren. Und so ganz nebenbei fällt der Blick auf einige spektakuläre Objekte von Anselm Kiefer jenseits des Restaurants: Die »Schildkröt« beherbergt die wohl größte Privatsammlung von Werken des international berühmten Künstlers. Doch das ist wiederum eine eigene Geschichte.

Alles zusammen aber ergibt ein Gesamtkunstwerk, ein einzigartiges Erlebnis. Seit Jahren zählt Juan de la Cruz Amador Perez, wie der Sohn spanischer Gastarbeiter aus Strümpfelbach im Remstal mit vollem Namen heißt, zu den kreativsten Köchen Deutschlands. Als Ferran Adrià mit seinem »El Bulli« die Molekularküche weltberühmt machte, verwandelte auch Amador seinen Arbeitsplatz in ein kulinarisches Labor, schuf technisch und experimentell aufwendige Gerichte. Doch der wabernde Stickstoff, die texturellen Spielereien und kühnen Dekonstruktionen sind inzwischen Vergangenheit. Die Technik steht nicht mehr im Vordergrund. Amador hat seinen unverwechselbaren Stil gefunden, er ist, sozusagen, »erwachsen« geworden.

Auf der Grundlage der »Haute Cuisine« interpretiert der Deutsch-Spanier (Jahrgang 1968) klassische Gerichte aufs Neue, vermählt sie mit katalanischen und andalusischen Elementen, den Reminiszenzen an die Heimat seiner Vorfahren. Das traditionelle »Pa amb oli« etwa, das mit Öl und Tomaten bestrichene »Brot der Armen«, verwandelt sich witzigerweise in einen Fond samt Gelee aus dem roten Nachtschattengewächs. Die Mar-y-Tierra-Nummer entpuppt sich als Kombination aus Rinderfilet-Scheiben mit Seezunge und geschmorten Zwiebelringen in einem konzentrierten Safran-Jus. Und das Erbsen-Gazpacho wird mit Taschenkrebs, Ziegenkäse und Olivenkrokant serviert. Da löst eine Geschmacksexplosion die nächste aus.

Jürgen Dollase, Gastro-Kritiker der »Frankfurter Allgemeinen Zeitung«, schrieb einmal über Amador, dass er auf Augenhöhe mit Adrià koche, es allerdings »bei ihm oft wesentlich besser schmeckt«. Das mag daran liegen, dass nicht die Verfremdung des Produkts im Vordergrund steht, sondern die Konzentration darauf. Alle Elemente auf dem Teller besitzen eine eigene Funktion und setzen in der Kombination miteinander ein unvergleichliches »mouthfeeling« frei. Es ist nicht die in Mode gekommene Deko-Kunst der wie mit dem Lineal gezogenen Linien, den i-Tüpfelchen und ausgestrichenen Saucen, die solch starke Aromen-Akkorde entstehen lassen, sondern die Reduzierung auf das Wesentliche. »Ich ziele aufs Zentrum, nicht auf den Rand«, sagt Amador.

Ein eigenständiger Stil, eine unverwechselbare Note – »man muss«, erklärt der Grand Chef, »sofort auf dem Teller erkennen: Das ist Amador«. Wobei wir wieder bei der Kunst angekommen wären. Einerseits dominiert eine traumhafte Harmonie die Gerichte, andererseits wechseln die Überraschungseffekte wie bei einem fulminanten Feuerwerk. Amador vergleicht diese spannungsgeladene Inszenierung seiner Menüs mit der Musik von Beethoven: »Mal ist sie impulsiv und temperamentvoll, mal andächtig und leise.« So tragen die tiefgründigen, würzigen Saucen das Gericht, während exotische Gewürze und orientalische Düfte, feinste Nuancen und sensible Applikationen es ausbalancieren. Amadors Carabineros, jene exzellenten roten Riesengarnelen aus dem Süden Spaniens, kombiniert mit Topinambur, Périgord-Trüffel und Salzmandel, sind dafür ein perfektes Beispiel.

Doch diese Küche ist weit davon entfernt, blutleer analysiert und mit wissenschaftlicher Akribie seziert zu werden. Man sollte sie einfach nur genießen, wenn die zahlreichen Gänge im mehr oder minder großen Tapas-Format (es gibt daneben auch ein kleines Menü) flott aufgetischt werden. Denn über allem steht der Lustfaktor. Solch ein Abend im »Amador« vergeht wie im Flug, nicht zuletzt auch, weil der Service zur Unterhaltung beiträgt, locker und humorvoll dem Gast das Gefühl gibt, Mittelpunkt einer Aufführung zu sein, bei der nie Langeweile entsteht und der Spaß nicht zu kurz kommt. Wer danach den Heimweg antritt und vor sich die nächtliche Kulisse des Großkraftwerks auftauchen sieht, betrachtet die Industriekultur plötzlich mit ganz anderen Augen.

RESTAURANT AMADOR
Floßwörthstraße 38
68199 Mannheim
www.restaurant-amador.de

In unmittelbarer Nachbarschaft zu Ketsch liegt Mannheim, das wirtschaftliche und kulturelle Zentrum der Metropolregion Rhein-Neckar. Hier in der Kurpfalz machen wir bei Juan Amador Station. Die streng wie ein Gitter angelegte Innenstadt hat Mannheim den Beinamen Quadratstadt eingebracht. Weitere Infos unter *www.mannheim.de.*

» ICH BIN EIN DEUTSCHER KOCH,
DER SEINE SPANISCHEN WURZELN NICHT VERLEUGNET. «

» AN DER SPITZENGASTRONOMIE IN DEUTSCHLAND FINDE ICH GUT, DASS WIR INTERNATIONAL MITHALTEN KÖNNEN UND SCHLECHT, DASS SIE NICHT GENÜGEND GEWÜRDIGT WIRD. «

» EIN KOCH STEHT JEDEN ABEND UNTER DRUCK, EIN KÜNSTLER NICHT,
WIR SPIELEN NUR GUTE INSTRUMENTE.
ICH VERSTEHE MICH EHER ALS EIN HOCHLEISTUNGSSPORTLER. «

GAGGENAU

CARABINERO MIT PERIGORD TRÜFFELCREME UND SALZMANDELCREME

Zutaten für 12 Personen

Carabinero

1 Carabinero (ca. 120 g) pro Person
Olivenöl
Frische Butter
Maldonsalz

Perigord Trüffelcreme

10 g Frische Butter
200 g Perigord Trüffel
30 ml Madeira
15 ml Roter Portwein
20 ml Trüffelsaft
150 ml Geflügelfond
Maldonsalz
Zucker
Evtl. Xantan (Messerspitze)

Salzmandelcreme

300 g Mandel
30 ml Geflügelfond
Olivenöl (zum Frittieren)
Maldonsalz
Zucker

Beilagen

Topinamburcreme
Topinamburchips
Schwarzes Trüffelbrioche
Trüffelscheiben (3 Stk. pro Person)
Granny Smith Apfelscheiben (2 Stk. pro Person)
Topinamburscheiben (2 Stk. pro Person)

Garnitur

Roter Mangold Salat

CARABINERO

Carabinero ausbrechen, vom Darm befreien und einzeln auf einen dünnen Holzspieß aufspießen. In dem Olivenöl für ca. 1 Minute anbraten, zum Schluss die frische Butter zugeben, arosieren und glasig garen. Zurechtschneiden und mit Maldonsalz würzen.

PERIGORD TRÜFFELCREME

Den Trüffel klein schneiden und in der Butter hell anschwitzen. Mit Madeira und dem Portwein ablöschen und auf 1/3 reduzieren. Dann mit dem Geflügelfond auffüllen.
Alles wieder auf 1/3 reduzieren, bis der Trüffel gut weich gekocht ist. Den Trüffelsaft dazugeben und einmal kurz aufkochen. Mit Salz und Zucker abschmecken und alles in den Thermomix geben, fein mixen. Anschließend die Trüffelcreme in einen Pacojet-Becher füllen und über Nacht einfrieren, mehrmals pacosieren. Mindestens 3–4-mal. Eventuell nachschmecken und mit Xantan abbinden.

SALZMANDELCREME

Mandel in Olivenöl hell frittieren. Auf ein Blech mit Küchenpapier geben und gut abtropfen lassen. Die Mandeln und den Geflügelfond in den Thermomix geben und mixen. Mit Maldonsalz und Zucker abschmecken, anschließend in einen Pacojet-Becher füllen und mehrmals pacosieren, bis eine glatte Creme entsteht.

ANRICHTEN

Perigord Trüffelcreme und Salzmandelcreme auf dem Teller mittig platzieren. Mithilfe einer kleinen Winkelpalette die Cremes ziehen. Den Trüffelbrioche rechts davon anrichten. Den gebratenen Carabinero zurechtschneiden und auf dem Trüffelbrioche platzieren. Jeweils sechs Topinamburcremepunkte platzieren, die Trüffelscheiben, Apfelscheiben und Topinamburscheiben abwechselnd auf die Topinamburcreme arrangieren. Die Topinamburchips oben und unten auf dem Carabinero platzieren, den roten Mini-Mangold abwechselnd anrichten, die Trüffelscheiben mit jeweils einem Maldonsalzkristall garnieren.

Boris Benecke

BORIS BENECKE FRIEDRICHSRUHE

GÄSTE GLÜCKLICH ZU MACHEN TREIBT IHN AN

Schon früh am Morgen ist für Boris Benecke die Welt in Ordnung. Der Tag beginnt für den Sterne-Koch des Wald- & Schlosshotels Friedrichsruhe um 7.30 Uhr mit einem Blick in die Runde. »Ich fange um diese Uhrzeit gemeinsam mit meinen Köchen an und bin einfach happy, wenn ich dabei in lachende Gesichter schaue.« Das ist bei Benecke kein PR-Spruch, sondern gelebte Küchen-Philosophie. Ein Tag an seinem Arbeitsplatz in Hohenlohe beweist dies: Der gebürtige Flensburger (Jahrgang 1976) spricht nicht nur von Teamarbeit, er lebt sie auch. Den Mitarbeitern klar sagen, wo es langgeht – aber niemals brüllen. »Ich habe noch Zeiten von fliegenden Pfannen in der Küche erlebt, das macht keinen Spaß.« Beneckes Credo lautet vielmehr: Mitarbeiterpflege. Nur so schafft er es, ein entsprechend qualifiziertes Team ins Hohenloher Land zu locken. Seit vier Jahren ist der gebürtige Flensburger leitender Küchenchef in einem der ehrgeizigsten Hotelprojekte der Republik. Das Fünf-Sterne-Superior Haus gehört zur Würth-Gruppe – beste Voraussetzungen für ein ambitioniertes Arbeiten sind also gegeben.

Sein beruflicher Weg war früh vorgezeichnet: Nahe der dänischen Grenze half er in der Küche des elterlichen Hotels und Restaurants schon als kleiner Junge mit. Es folgte eine Lehre im Hotel Intermar in Glücksburg, die Boris Benecke als Landesbester in Schleswig-Holstein abschloss. »Diese bodenständige Ausbildung hat mir sehr viel gebracht«, erinnert er sich. Stationen in renommierten Häusern wie dem Restaurant »Marinas« in Hamburg, bei Heinz Winkler in Aschau, unter Harald Wohlfahrt in der »Traube Tonbach« sowie bei Dieter Müller in Bergisch Gladbach schlossen sich an.

In der Schweiz kletterte Benecke schließlich weitere Stufen auf der Karriereleiter nach oben. Von 2002 an war er stellvertretender Küchenchef im Vier-Sterne-Hotel »Paradies« in Ftan, 2007 übernahm er als Chefkoch das Gourmetrestaurant »La Belezza« im Hotel Paradies und erkochte sich dort auf Anhieb zwei Michelin-Sterne – Benecke wurde im Land der Eidgenossen 2008 zum Aufsteiger des Jahres gekürt.

»Die größte Herausforderung ist das tägliche Lob der Gäste. Sie glücklich zu machen, das treibt einen an«, lautet Beneckes Koch-Philosophie. Vor den Toren von Öhringen ist er dabei umfassend gefordert. Schließlich verantwortet Benecke nicht nur das Gourmetrestaurant, sondern auch die kulinarischen Angebote im luxuriösen Spa-Bereich des Hotels, bei den Bankett-Aufträgen sowie in der traditionsreichen Jägerstube, die auf Anhieb 15 Punkte im Gault Millau erhielt. »Diese Vielfalt macht Spaß, nur Gourmet alleine würde mich nicht ausfüllen«, sagt Benecke. Wobei der Spagat, in allen Restaurants eine entsprechende Qualität zu bieten, dem zurückhaltenden Küchenchef einiges abverlangt.

Ob am Herd oder beim Plausch in der Kaminstube: Der oberste Koch der Würth-Gruppe ist immer ein zurückhaltender Teamplayer und nie Selbstdarsteller. »Alles funktioniert nur, wenn man erstklassige Mitarbeiter hat«, sagt er lächelnd – schlechte Laune kann man sich bei Boris Benecke gar nicht vorstellen. Dass das Wald- & Schlosshotel weit abseits der großen Zentren erstklassige Angestellte verpflichten kann, hat viel mit den offerierten Freizeit-Angeboten, aber auch mit der sehr schnell erreichbaren übertariflichen Bezahlung bei entsprechender Leistung sowie mit vernünftigen Arbeitszeiten zu tun. Insgesamt sind inklusive Azubis 24 Köche in Beneckes Küche beschäftigt, davon neun im Gourmetteam.

Zum Erfolg trägt vor allem sein engstes Führungsteam bei: Der exzellente Dominique Metzger als Direktor der Gastronomie und Maître d'Hôtel setzt internationale Maßstäbe, während Beneckes Stellvertreter Daniel Katzelmayr den hohen Standard des Chefs jederzeit hält.

Der Erfolg in der Küche basiert wie überall auf guten Zutaten. Viele davon kommen aus der Region Hohenlohe – aber nicht nur. »Selbstverständlich haben wir regionale Lieferanten. Darüber hinaus braucht man natürlich ein funktionierendes internationales Netz. Wir treffen uns einmal monatlich mit den Lieferanten zum Kritikgespräch, um das hohe Niveau zu halten«, erläutert der Küchenchef.

Benecke begeistern bei der Zubereitung vor allem Gerichte für zwei Personen – das Steinbutt-Kotelette ebenso wie ein Mäusdorfer Landgockel. »Meine Küche ist klassisch angehaucht, aber nicht schwer«, so Benecke. Stets Neues entdecken reizt ihn – daher liegen die lokalen schwäbischen Hits wie Rostbraten oder Linsen mit Spätzle nicht so weit oben auf seiner Beliebtheitsskala. »Wir wollen auch in der Jägerstube eine ambitionierte Küche anbieten und nicht das, was es überall gibt«, erläutert Benecke, der nicht molekular kocht. Er legt viel Wert auf die Weiterbildung von Saucen und Aromen und auf eine frische Küche mit viel Fisch.

Inspiration bleibt für ihn das A und O: Einmal pro Monat geht Benecke mit Geschäftsführer Heinz Schiebenes in nationalen und internationalen Spitzenrestaurants essen und lässt sich dabei gerne von Neuem überraschen. »Heinz Schiebenes ist ein Glücksfall, weil er als ehemaliger Spitzenkoch genau weiß, worauf es ankommt«, sagt Benecke. Eine weiteres Hohenloher Erfolgsrezept ist daher, dass der Küchenchef mit dem Hotelchef auf einer Wellenlänge liegt – und gemeinsam mit ihm auf kulinarische Entdeckertour geht.

Im Streben um einen zweiten Michelin-Stern, den viele bei Benecke für überfällig halten, hatte Friedrichsruhe bislang einen entscheidenden Nachteil: Das Gourmetrestaurant ist mit seinen 70 Plätzen eigentlich zu groß, und auch die Öffnungszeiten waren zu ausgedehnt. Darauf reagierte Benecke mit Veränderungen – wenngleich der verbissene Kampf um einen zweiten Stern nicht im Vordergrund steht. »Wenn er kommt, ist das schön. Es ändert aber nichts an unserer Küchenphilosophie.« Ob ein Stern oder zwei – auch für Firmenpatron Reinhold Würth zählt vor allem die absolute Zufriedenheit und höchste Qualität.

»Die Freiheiten, die ich hier habe, die hatte ich noch nie«, sagt Benecke. Für die nötige Ausgeglichenheit sorgt seine Frau Nina Wolff, die er vor vier Jahren im Hotel in Friedrichsruhe kennengelernt hat. Die Hotelfachfrau drängt ihn ab und an zu Auszeiten, um den Kopf frei zu bekommen. »Dann fahren wir zwei Tage weg und auch das Handy muss ausbleiben. Sonst schafft man es ja gar nie, abzuschalten.« In Friedrichsruhe hat er sich mit seiner Frau ein Haus gekauft, hier ist der Küchen-Tausendsassa sesshaft geworden. »Wir sind eigentlich wunschlos glücklich und haben gefunden, was wir gesucht haben«, sagt Benecke. Womit bewiesen wäre: Es lässt sich eben morgens einfacher in fröhliche Gesichter blicken, wenn man selbst gut gelaunt ist.

WALD- & SCHLOSSHOTEL FRIEDRICHSRUHE
Kärcherstraße
74639 Zweiflingen-Friedrichsruhe
www.schlosshotel-friedrichsruhe.de

Vom Badischen geht es ins Württembergische, nach Zweiflingen in Hohenlohe. Dort erwartet uns Boris Benecke im idyllischen Jagdschloss Friedrichsruhe. Dieses wurde zur Luxusherberge ausgebaut. Das Wald- & Schlosshotel mit 27-Loch-Golfplatz nebenan ist umgeben von Wiesen und Wäldern. Weitere Infos unter *www.zweiflingen.de*

» IN DIE STERNEKÜCHE KANN MAN NICHT EINFACH MAL EIN BISSCHEN REINSCHNUPPERN. MAN MUSS ES ZU 110 PROZENT WOLLEN UND BEREIT SEIN, IM PRIVATLEBEN ABSTRICHE ZU MACHEN. «

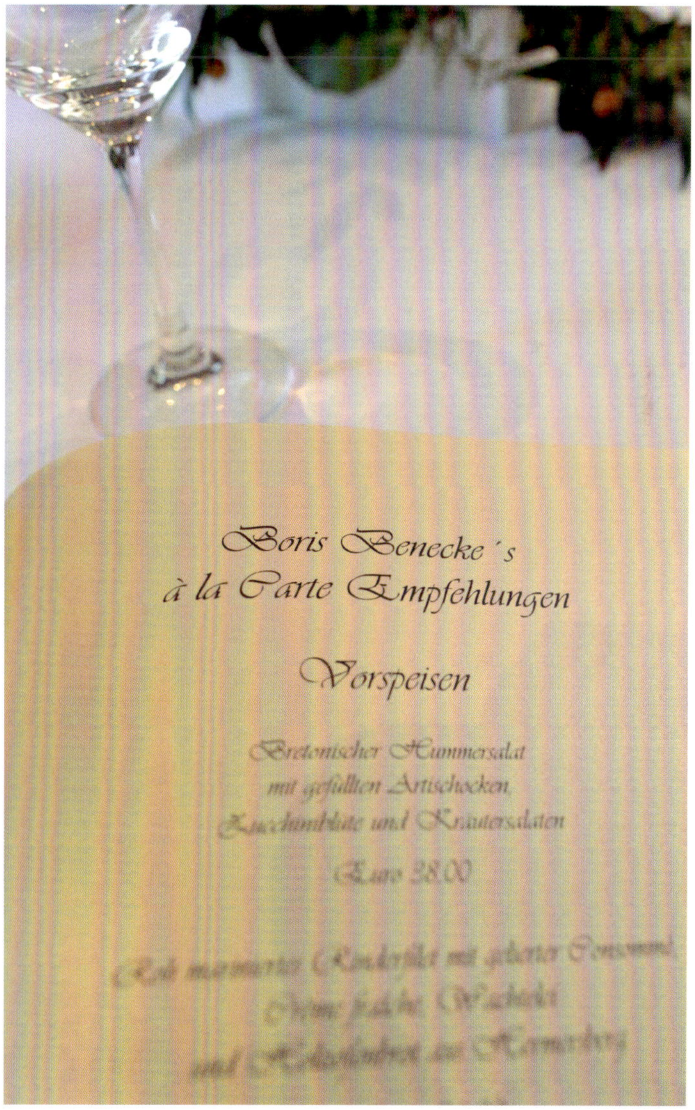
Boris Benecke´s
à la Carte Empfehlungen
Vorspeisen
Bretonischer Hummersalat
mit gefüllten Artischocken,

» NACHHALTIGKEIT IN DER KÜCHE BEDEUTET FÜR MICH
JEDEN TAG IMMER WIEDER DAS BESTE ZU GEBEN. «

GERÄUCHERTE SPANFERKELSCHULTER MIT BLUTWURST, ÄPFELN, RETTICH UND PFIFFERLINGEN

Zutaten für 4 Personen

1 Spanferkelschulter
150 g Schweinescharte schon eingeritzt
200 g Hällische Blutwurst
8 Äpfel
200 g Pfifferlinge
8 Radieschen
1 Stange Rettich
1 Handvoll Rettichkresse

SPANFERKELSCHULTER

Die Fettseite einschneiden und im Smoker 12 Stunden bei ca. 80 °C räuchern. Nach dem Garen den Knochen auslösen und vakuumieren.

POPCORN

Schweineschwarte trocknen und im Mixer zerkleinern. Bei 220 °C in Fett ausbacken.

BLUTWURST

Schwäbisch Hällische Blutwurst in Würfel schneiden und unter einer Wärmebrücke temperieren lassen.

APFEL

Für das Gel 2 l frisch gepressten Apfelsaft (Pink Lady) mit 150 ml Chablis Weißwein, Thymian, 1 Limonenblatt auf 1 Liter reduzieren. Passieren und mit 14 Gramm Agar Agar (Texturas) 2 Minuten köcheln lassen. Auskühlen lassen und im Thermomix glatt mixen.

APFELTATAR

Geschälten Apfel in feine Würfel schneiden und mit etwas Apfelgel vermengen.

APFELPERLEN

Äpfel mit einem Perlausstecher ausstechen und mit etwas Limettensaft marinieren.

PFIFFERLINGE

Die Pfifferlinge waschen, trockenlegen und scharf in Butter anbraten. Mit Salz abschmecken.

RETTICH

Ganz dünn aufhobeln und beim Servieren über das Gericht streuen.

RADIESCHEN

Die Radieschen waschen, vierteln und mit einer Marinade aus Champagneressig und Zucker marinieren.

ANRICHTEN

Alles anrichten und mit Rettichkresse dekorieren.

Josef Bauer

JOSEF BAUER ADLER

DER PERFEKTIONIST DES SCHLICHTEN

Die blütenweiße Jacke sitzt faltenlos, die eisgrauen Haare stehen stoppelkurz, kerzengerade sitzt er auf dem Holzstuhl. Josef Bauer, seit 40 Jahren Patron im Landgasthof »Adler« in Rosenberg, strahlt jene Disziplin aus, die einer braucht, der seit Jahrzehnten oben steht: ein Stern vom Michelin und 18 Punkte mit drei Hauben vom Gault Millau. Dessen Tester gehören zu seinen leidenschaftlichsten Fans und heben regelmäßig zu Hymnen an über den Bauerschen Stil: »In der Sublimierung des Schlichten wird hier eine Perfektion erreicht, die Josef Bauer unter den deutschen Spitzenköchen eine – meist neidlos anerkannte – Sonderstellung einräumt.« Dem jugendlich wirkenden Koch (Jahrgang 1942) sind solche Superlative fremd, Bauer pflegt das Understatement: »Wir sind ein schwäbischer Landgasthof mit etwas gehobener Küche.« Dann lacht er sein knitzes Lachen.

Der Landgasthof »Adler« strahlt in Lindgrün, so als spiegele er die Farbe des mächtigen Baums, der vor der Tür seine dicken Wurzeln geschlagen hat. Wer zum ersten Mal das gastliche Haus auf der Ostalb betritt, staunt ob der kühnen Mixtur. Modernes Gestühl in purem Weiß hier, da die knarrige Holztreppe, oben ein in kräftigem Rot gestrichener Holzschrank. Vor 40 Jahren, als anderswo »modernisiert« wurde, hat der 2013 verstorbene Grafikdesigner Alfred Lutz aus Schwäbisch Gmünd dem Traditionshaus einen zeitlos schönen (Innen-)Anstrich verpasst, den Holzbänken im Gastraum knalliges Blau, den Wänden über der Holztäfelung sattes Grün und Ölgemälde mit Gemüse. Auf glänzend weiß lackierten Tischen funkeln Besteck und Gläser.

Schnörkellos und kreativ: Der Stil der Stube spiegelt den Stil der Küche. Mit ihrer ganz eigenen Interpretation des Regionalen haben Josef und Marie-Luise Bauer den seit 1346 existierenden Gasthof in vielen Jahren harter Arbeit zu einer der interessantesten Adressen im Südwesten Deutschlands gemacht. Denn wer Effekthascherei sucht, ist im »Adler« an der falschen Adresse. »Bei den meisten Sternerestaurants wird Tellerakrobatik betrieben. Solchen Schnickschnack brauchen wir nicht«, sagt die so zarte wie zähe Marie-Luise Bauer resolut. Der Gast soll sehen und vor allem schmecken, was er isst: »Drei Komponenten auf dem Teller reichen völlig aus.«

Wer sich so konzentriert aufs Ursprüngliche, der muss seine Kunst wahrlich beherrschen. Josef Bauer sagt dazu schlicht »Handwerk«, und das sagt viel über ihn aus. Denn der Rosenberger ist tief verwurzelt in seinem ländlichen Umfeld. Bauer war selbst Bauer, bis in die 1980er-Jahre mästete er auf seinem Hof Ochsen, er weiß, welches Fleisch es für eine kräftig-würzige Wurst braucht. Die macht er dann selbst und kombiniert sie mit Filderkraut und sahnigem Kartoffelschaum. Auch schwäbische Klassiker wie geschmälzte Maultasche oder Linsen mit Spätzle – freilich raffinierter als üblich gewürzt und verfeinert – kommen bei ihm zu neuen Ehren. »Ohne gute Produkte kann man keine gute Küche machen.« Was für die gehobene Küche wie eine Binsenweisheit klingt, ist Bauer heiliger Ernst. Gerne bezieht der Koch die Zutaten aus der Region, aber nur, wenn die Qualität stimmt. Das tut sie immer seltener, »leider, bei uns gibt es keine richtige Tradition, da muss alles immer bloß billig sein«. Billig und gut – das geht aber nicht zusammen. Deshalb kommt das Geflügel beispielsweise aus Frankreich, aus der Bresse natürlich. Die Hohenloher Bäuerin, die köstliche Täubchen züchtete, hat sich leider schon lange nicht mehr gemeldet: »Da muss ich mal anrufen.« Wild bezieht der Qualitätsfahnder und -fanatiker von heimischen Jägern, Pilze von Sammlern, das Lamm von der Alb.

Zur »Inspiration und fürs Gemüse« fährt Bauer einmal in der Woche morgens um 4 Uhr auf den Stuttgarter Großmarkt: »Ich will meine Ware doch sehen.« Dort hat er seine Lieferanten, die ihm den Freilandackersalat liefern, wie ihn sich Bauer vorstellt. »Dann fragt mein Mann auch nicht nach dem Preis, solche Produkte muss man doch wertschätzen«, wirft Marie-Luise Bauer ein, seine »strengste Kritikerin«, wie er liebevoll sagt.

»Tradition und Moderne« ist die Speisekarte überschrieben, das trifft den Kern von Josef Bauers Kochphilosophie. Jeden Tag stellt er die Gerichte neu zusammen: »Rote Bete, Roher Blumenkohl, 60 Grad Eis« heißt es da so klar und schlicht, wie es Bauers Art ist, »Entenstopfleber, Schweinefuß, süße Senfsauce« oder »Geschmolzener Kalbskopf, Oktopus, Kartoffelwaffel«. In der Kreation »Alblammkarree, Ragoutsauce, Zwiebeltarte« führt eine mit arabischer Note gewürzte Sauce zu kulinarischen Höhenflügen mit dem butterzarten Fleisch und dem knusprigen Gebäck. Ob Graupen-Fenchel-Gemüse oder Brotauflauf: Beilagen haben bei Josef Bauer einen Selbstwert und gehen doch harmonisch im immer jahreszeitlich geerdeten Ensemble auf.

Die Philosophie des Hauses findet ihren süßen Höhepunkt in den Desserts. Hier trumpft Patronne Marie-Luise Bauer gerne mit Kontrasten wie kalt-warm, süßlich-säuerlich, knusprig-samtig auf. Es sind im Grund ganz einfache Dinge, die mit purem Wohlgeschmack beglücken wollen. Zwetschgensuppe, Mohnauflauf und Zimteis machen selbst Nicht-Süßschnäbel glücklich, und für die Schokoladenkugel mit Himbeeren und Vanilleeis entflammt sie erneut – die »Heiße Liebe« zu den Bauers im »Adler« in Rosenberg.

LANDGASTHOF ADLER
Ellwanger Straße 15
73494 Rosenberg
www.landgasthofadler.de

Über Schwäbisch Hall führt die Route in den Ostalbkreis. Etwas versteckt liegt dort Rosenberg, wo Josef Bauer feine Küche bietet. Die Gemeinde ist Station am Fränkisch-Schwäbischen Jakobsweg. Hier lebte der Pfarrer und Maler Sieger Köder, dem ein Zentrum in der Ortsmitte gewidmet ist. Weitere Infos unter *www.gemeinde-rosenberg.de*

» WENN MAN SELBST MAL PRODUZIERT HAT, DANN WEISS MAN QUALITÄT NOCH VIEL MEHR ZU SCHÄTZEN. «

Hausgebrannter
Holzapfel
Josef Bauer, zum Adler
73494 Rosenberg

Quittengelee
Landgasthof Adler
Josef Bauer
73494 Rosenberg
Quittengelee
Landgasthof Adler
Josef Bauer
73494 Rosenberg

» WIR HABEN UNS VORSICHTIG GEWANDELT, IMMER VORSICHTIG TAKTIERT. ANDERS KÖNNEN SIE DAS AUF DEM LAND NICHT MACHEN. «

» ALS WIR DEN STERN BEKOMMEN HABEN, HAT EIN KOLLEGE GESAGT, JETZT MUSST DU ABER WAS GANZ ANDERES KOCHEN. DA HABE ICH GESAGT: WIR HABEN DEN STERN FÜR DAS BEKOMMEN, WAS WIR KOCHEN. «

ROTE BETE, 60° EI, ROHER BLUMENKOHL

Zutaten für 6 Personen

4	*Rote Bete geschält und geschnitten*
200 g	*Wasser*
	Anis
	Salz
	Pfeffer
5 g	*Pflanzliche Gelatine*
1 Blatt	*Gelatine*
4	*Eier*
	Sahne
	Blumenkohl

ZUBEREITEN

Die Rote Bete mit Wasser, Anis, Salz und Pfeffer kochen, die gekochte Bete herausnehmen. Für das Rote Bete-Gelee den warmen Sud mit der pflanzlichen Gelatine und dem Blatt Gelatine abbinden, danach dünn auf ein Blech gießen und kaltstellen, damit es stockt. Für die Rote Bete-Mousse die gekochte ganze Bete mit Sahne, Salz und Pfeffer mixen, bis sie eine cremige Konsistenz hat. Die Eier eine Stunde bei 62° kochen, dann abkühlen.

ANRICHTEN

Rohe Blumenkohlröschen in einen Suppenteller geben, mit Rote Bete-Mousse bedecken.
Das lauwarme 62° Ei vorsichtig in die Mitte legen und mit einer runden Scheibe des Rote Bete-Gelees bedecken, sodass die Mousse vollständig bedeckt ist. Rote Bete-Blätter mit einer Vinaigrette marinieren und den Teller damit nach Geschmack dekorieren.

Klaus Buderath

KLAUS BUDERATH LAGO

YOU'RE THE BEST F**K THE
Culcha Candela 2012
TIERRA

EINE STERNEKÜCHE MIT SYSTEM

Hier hat alles System. Das gilt im Hotel und Restaurant »Lago« in Ulm nicht nur für die Gastronomie, sondern für das Konzept des ganzen Hauses. Einfach, funktions- und zielorientiert, so umschreibt Küchenchef Marian Schneider die Grundprinzipien. Zusammen mit Sternekoch Klaus Buderath hat er in Ulm eine Küche entwickelt, die sich an Fairness, Regionalität und Bodenständigkeit ausrichtet.

Geschichten will das Lago erzählen, sowohl im Hotel als auch im Restaurant. Gestaltet wurde das Haus nach den Richtlinien der legendären Hochschule für Gestaltung in Ulm, kurz HfG genannt. Das heißt: klare Linienführung, einfache Formen und ein einheitliches Design. Das HfG, das nach dem Bauhaus als die international bedeutendste Designschule gilt, bestand in Ulm bis 1968. Übriggeblieben ist das HfG-Archiv, das die Geschichte der Hochschule dokumentieren soll. Diese haben Ulmer Studenten auch für die Gäste des »Lago« aufbereitet.

Die Spuren der HfG ziehen sich durch das ganze Haus. Dessen Flure sind zu Ausstellungsräumen für Design geworden, das an der Hochschule entwickelt wurde. »Besucher bringen uns immer wieder interessante Designstücke aus der HfG-Vergangenheit«, freut sich Schneider. Da stehen Teile des ersten stapelbaren Service neben klassischen Küchen-Elektrogeräten der Firma Braun.

Für Schneider bedeutet die Orientierung an der HfG mehr als ein nostalgischer Blick in die Geschichte. Die Prinzipien der Hochschule, an der der legendäre Designer Otl Aicher gelehrt hat, dessen Piktogramme für die Olympiade in München 1972 bis heute einen Standard gesetzt haben, schlagen sich auch in der Philosophie des Hauses nieder.

Besonders die von Aicher in seinem Refugium in Rotis entwickelte Lebensweise, in der Maß und Ziel, Wertschätzung und die enge Verbindung zur Natur eine zentrale Rolle spielen, sieht Schneider als Vorbild. So hat Aichers Sohn den Kräutergarten im Sinne seines Vaters hinter dem Hotel gestaltet.

Auch das Lago will Refugium sein. Gelegen in der Friedrichsau am Ende von tristen Parkplatzreihen am Eingang der Ulmer Messe, wirkt das Vorfeld nicht gerade einladend. Dieser Eindruck wird jedoch mehr als kompensiert durch die Atmosphäre im Restaurant, auf der Terrasse und hinter dem Haus, das direkt an einen See in den Parkanlagen der Friedrichsau angrenzt. Ruhe und Entspannung pur sind hier angesagt.

Dies unterstreicht ebenfalls der Gastronomiebetrieb. Schneider spricht von einem »sympathisch elitären« Flair. Der Anspruch ist hoch: Der Genuss soll hier ein neues Zuhause bekommen. Gleichzeitig will er der Sterneküche wieder Bodenhaftung verleihen. Es geht ihm um den »einfachen Genuss«, in dem die Regionalität eine große Rolle spielt.

In der Gastronomie geht es ums Gesamtkonzept – dies ist durchaus bestechend. Im Lago hat Schneider »Fair Gourmet« als Zielvorstellung entwickelt. Das heißt: Einfache und funktionsorientierte Arbeitsweise als Basis für eine Sterneküche innerhalb geregelter Arbeitszeiten ohne ständigen Druck. Den habe er an seinem vorangegangenen Wirkungsort, dem »Adler« in Rammingen bei Ulm, als Sternekoch ständig verspürt, so Buderath.

Zum Ulmer Konzept gehört aber mehr, als Spaß und Beruf wieder zusammen zu bringen. Unter dem Motto »Essen ist Kultur« soll der Genuss im Lago ein neues Zuhause erhalten. Das Gourmetrestaurant ist dafür nur ein Baustein. In der Genussakademie fließen die Prinzipien der Regionalität, Wertschätzung und Gourmetküche zusammen.

Unter dem Dach der Akademie gibt es sechs Themenbereiche, wie Fluss und Wiese oder Vorrat und Keller. Diese werden ergänzt durch die kulinarische Interpretation durch Buderath. Das fantasievoll und mit viel Gefühl und Sorgfalt vom Sternekoch zusammengestellte Acht-Gänge-Menü beinhaltet dann Dinge wie Ferkel, Kürbis und schwarzen Knoblauch oder Makrele, Senfgurke und Rote Bete.

»Ein Restaurant im eigentlichen Sinne war uns immer etwas zu wenig«, heißt es dazu als Erklärung. Die Lago Genusswerkstätten werden als »Sammlung von Können, Erfahrung und Wissen« beschrieben. Jeder Fachbereich steht für ein Menü, den »Exkurs«. Mehr zu erfahren gibt es in der Vorlesung. Hier kann man hören, »warum ein Gericht so ist, wie es ist«. Dazu hält ein Experte noch einen Vortrag zum Thema. »Wir brauchen Werte«, erklärt Marian Schneider. Wert legt das Lago auch auf die besten Produkte, nicht nur aus der näheren Umgebung von Ulm. Ein eigener Fischer liefert zum Beispiel frische Ware vom Bodensee.

Der 1974 in Böblingen geborene Klaus Buderath hatte nach Stationen in Hamburg, London, Baiersbronn und Stuttgart seit 2005 im Adler in Rammingen bei Ulm die Sterneküche etabliert, bis er 2013 ins Lago nach Ulm wechselte. Vehement plädiert er für eine Rückbesinnung auf das Produkt und wendet sich gegen eine Gourmetküche, die mit immer mehr Aromen und Kombinationen aufwartet. Gegen solche „Verspieltheit“ mit bis zu 20 Gängen führt er eine neue Bodenständigkeit ins Feld, die sich im Lago mit thematisch eingebundenen Menüs sowie eigener Imkerei, Bäckerei und Genusswerkstatt manifestiert.

RESTAURANT LAGO
IM HOTEL AM SEE
Friedrichsau 50
89073 Ulm
www.lago-ulm.de

Quer durch den Ostalbkreis geht es weiter nach Ulm an der Donau. Im Hotel Lago am Rande des Erholungsparks Friedrichsau ist Klaus Buderath Küchenchef. Die Stadt grenzt an Bayern und beherbergt das Ulmer Münster mit dem höchsten Kirchturm der Welt. Aber Ulm bietet weit mehr als nur das Münster. Weitere Infos unter *www.ulm.de*.

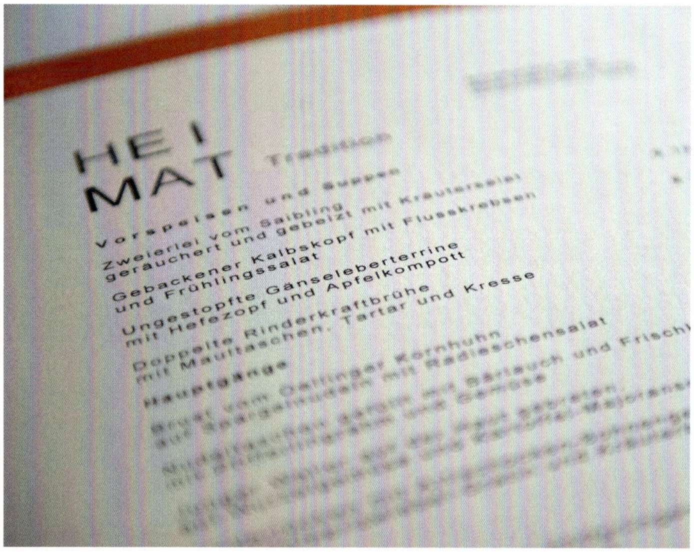
HEI
MAT
Tradition
Vorspeisen und Suppen
Zweierlei vom Saibling
geräuchert und gebeizt mit Kräutersalat
Gebackener Kalbskopf mit Flusskrebsen
und Frühlingssalat
Ungestopfte Gänseleberterrine
mit Hefezopf und Apfelkompott
Doppelte Rinderkraftbrühe
mit Maultaschen, Tartar und Kresse
Hauptgänge

LAGO

Gebäude

» MAN MUSS EINFACH FESTSTELLEN, DASS DIE STERNEGASTRONOMIE ZUNEHMEND AM GAST VORBEIKOCHT. TRINKSALAT, KAVIAR AUS MELONEN ODER FISCH ALS SCHÄUMCHEN SERVIERT ÜBERFORDERT IHN. «

» ICH HÄNGE SEHR AM GEMEINSAMEN ESSEN UND KANN SCHWER BEGREIFEN, DASS DAS IMMER MEHR VERLOREN GEHT. «

Fair Gourmet

LAGO
NOILLY PRAT
LAGO
PORTWEIN WEISS
LAGO
WEISSWEIN
LAGO
COGNAC
LAGO
PERNOD

GENUSS

GÄNSELEBERMOUSSE-RÖLLCHEN IM HOLUNDERBLÜTEN-HONIG-MANTEL

Zutaten für 4 Personen

Holunderblüten-Honig-Mantel

125 g Holunderblütensirup
6 g Agar Agar
1 Blatt Gelatine
100 g Sahne
25 g Honig
4 Gänseleberröllchen (herzustellen mit einem Fillini-Maker-Set von Bos Food)

Gänselebermousse

100 g Rohe, eingeputzte Gänseleber
30 g Geflügeljus
30 g Sahne
2 Blatt Gelatine
Salz, Pfeffer, etwas Honig

Avocado

1 Avocado
4–6 Pfifferlinge pro Person
Salz, Pfeffer, Thymianöl
1–2 Herzkirschen pro Person
Einige Blätter Friséesalat
Holunderblüten
Pfefferkörner

HOLUNDERBLÜTEN-HONIG-MANTEL

Den Holunderblütensirup mit der Sahne und mit Agar Agar aufkochen. Gelatine darin auflösen. Die Gänseleberröllchen damit füllen und 1 Stunde auskühlen lassen.

GÄNSELEBERMOUSSE

Im Thermomix alle Zutaten auf 60 °C bringen, dann passieren. Gelatine in der Masse auflösen. Die gesamte Masse auf 30 °C abkühlen und dann abfüllen. Mindestens 21 Stunden durchkühlen lassen.

AVOCADO

Die Avocado entkernen, anfrieren, dünn auf der Aufschnittmaschine aufschneiden, als Fächer legen und wegfrieren. Ein Rechteck in der Größe des Röllchens ausschneiden. Die Pfifferlinge anbraten, mit Salz, Pfeffer, Thymianöl abschmecken. Die frischen Kirschen halbieren, entkernen, dritteln.

ANRICHTEN

Aus Kräutern, Frisée, Holunderblüten, Pfifferlingen, Kirschen und zerdrückten grünen Pfefferkörnern ein Beet auf dem Avocado-Rechteck anrichten. Die Gänseleberröllchen parallel dazulegen.

Rolf Straubinger

ROLF STRAUBINGER

BURG STAUFENECK

burg staufeneck
Rolf Straubinger

ER STEHT IMMER UNTER STROM

Wenn einer seiner selbstbewussten Azubis meint, er könne den Chef mal herausfordern, dann bietet Rolf Straubinger einen Wettstreit an: Wer schafft es am schnellsten, 15 Kilo Zander zu filetieren? Und dann demonstriert der Sternekoch (Jahrgang 1962), dass er nicht nur ein Genie am Herd, sondern auch ein perfekter Handwerker ist. »Der Rolf steht immer unter Strom«, sagt denn auch staunend einer seiner jungen Eleven auf der Burg Staufeneck, oberhalb von Salach im Filstal.

Sich messen, auch im Wettbewerb seine Meisterschaft beweisen – Rolf Straubinger hat das immer gewollt und, angefangen mit der Deutschen Jugendmeisterschaft 1982, reichlich Siegeslorbeeren geerntet. 1997 gewann er den deutschen Bocuse d'Or und wurde beim Finale in Lyon in der Gesamtwertung Fünfter, jedoch mit einem Sonderpreis als bester Fischkoch ausgezeichnet – als bester Fischkoch der Welt!

Heute stiftet er seine Schüler an, es ihm nachzutun. Mit Erfolg: Auch als Ausbildungsbetrieb spielt das Burgrestaurant Staufeneck in der ersten Liga. Zuletzt wurde Alexander Neuberth zum besten deutschen Jungkoch gekürt, vor Konkurrenten aus dem Hilton Domhotel in Berlin und von Feinkost Käfer in München.

Alle namhaften Gourmetführer zählen Straubinger zur deutschen Spitzenklasse der Köche, bereits seit 1991 verteidigt der gebürtige Göppinger einen Michelin-Stern. Talent und Fleiß haben ihm die Eltern Lore und Erich Straubinger in die Wiege gelegt. Sie bauten die Würstchenbude auf der Burg im Stauferland zum gutbürgerlichen Gasthaus aus.

Auf seinen Stationen nach der Lehre im einst renommierten Murrhardter Restaurant Sonne-Post wurde Sohn Rolf zum Meister geformt: Im Münchner »Tantris« unter Heinz Winkler, in der »Schwarzwaldstube« in Baiersbronn (1986/87), wo er rasch aufstieg zu Harald Wohlfahrts Sous-Chef, im »Negresco« in Nizza, wo er mediterrane Erfahrung sammelte.

Seit 1990, als seine Eltern die Burg erwarben, die bis dahin in öffentlichem Besitz war, ist der ausgebildete Küchenmeister und Hotelbetriebswirt Küchenchef auf Staufeneck. 2001 hat er den Betrieb übernommen, mit seiner Frau Heike, seiner Schwester Karin und deren Mann Klaus Schurr. Der Unternehmer Schurr trieb als Geschäftsführer den Ausbau des Hotels voran. 2004 wurde die Fünf-Sterne-Klasse erreicht, 2011 ging der Oscar der Hotel-Branche, die Auszeichnung zum »Hotel des Jahres«, an die Familien Straubinger und Schurr. 45 Zimmer gibt es heute im einstigen Domizil der Freiherren von Rechberg.

Immer mit Volldampf – Woche für Woche 50, 60 Stunden in der Küche, daneben Tennis und Golf – das war lange Rolf Straubingers Devise. Vor ein paar Jahren musste er feststellen, dass Leib und Seele das Tempo nicht mehr durchhielten. Vor allem litt seine Kreativität: »Mir fielen keine neuen Gerichte mehr ein.« Jetzt setzt er seine Kräfte rationeller ein, gönnt sich mal einen Tag Pause – und kocht so gut wie eh und je.

Doch seine ureigene Handschrift hat Straubinger seit den Bocuse d'Or-Zeiten nicht verändert. Regional wurde bei ihm immer gekocht. Wild, Kalb- und Rindfleisch stammen aus der Umgebung, Salat und Gemüse liefert eine Bäuerin aus dem Remstal. Ein Dogma macht er nicht daraus: »Artischocken gibt es nun mal hier nicht.« Neben eigenen Kreationen wie der Schichttorte von Gänseleber und Espresso bleiben ihm die Klassiker der schwäbischen Küche jedoch ganz wichtig. Nieren vom Kalb haben einen Platz auf seiner Karte ebenso wie der Bauch vom Landschwein, Roastbeef und Rehrücken.

Bloß nicht abheben – auf Burg Staufeneck sollen sich internationale Gäste der Stuttgarter Weltkonzerne so wohl fühlen wie Familien aus der Umgebung. Die vom gradlinigen Patron gelebte und vom Service – geleitet von den Damen des Hauses – gepflegte ungezwungen-gesellige Atmosphäre im Restaurant trägt dazu bei. Hier tagen Konzernvorstände und prominente Chefs laden zum großen Bankett am runden Geburtstag ein. Aber die Burgherren legen Wert darauf, weiter für das Catering bei den Heimspielen des Handball-Bundesligisten Frisch Auf Göppingen zu sorgen oder in der restaurierten Scheune zünftige Feste auszurichten. Auch wer »nur« einen Wurstsalat im Bistro oder Tafelspitz genießen will, ist willkommen. »Würde ich nur aufwendige Menüs anbieten, kämen viele Stammgäste nur noch zweimal im Jahr«, weiß der Chefkoch.

Seine Fischkreationen jedoch bleiben gastronomisches Aushängeschild. Er verwendet neben den Süßwasserfischen Zander und Bachsaibling nur beste Ware aus Atlantik und Mittelmeer und verarbeitet nur ganze Fische. Ein Problem waren da die vielen Karkassen, die nach dem Filetieren der teuren Ware übrig blieben. Denn der Schwabe Straubinger ist bekannt dafür, dass er selbst vom Kaninchen alles irgendwie Verwertbare auch verarbeitet, es wird mit Fleiß pariert und reduziert in seiner Küche.

So hat der Koch Fischköpfe und -gerippe ausgekocht, mit Muscheln verfeinert, Sellerie, Karotten, Fenchel dazu, Knoblauch, Chili, Safran, Noilly Prat, ein Schuss Pernod. Er hat probiert, experimentiert – bis ein grammgenaues Rezept für die »Bouillabaisse nach Rolf Straubinger« stand, die heute ein Markenzeichen ist. Bereichert mit mundgerechten Happen von mindestens drei Edelfischen. Wer die Spezialität auf der Terrasse über dem Filstal genießt, meint schon mal, die Wellen des Mittelmeers rauschen zu hören …

RESTAURANT BURG STAUFENECK
Staufeneck
73084 Salach
www.burg-staufeneck.de

» WICHTIGER ALS JEDE KREATIVITÄT IST FÜR MICH DIE TOPQUALITÄT DER PRODUKTE UND EINE ORGANISATION, DIE AN PERFEKTION GRENZT. «

Vom Rand Baden-Württembergs führt der Weg zurück mitten in die Erlebnisregion Schwäbischer Albtrauf zu Rolf Straubinger in die Burg Staufeneck. Diese liegt hoch über der Gemeinde Salach bei Göppingen und bietet einen herrlichen Ausblick ins Filstal, das zum Wandern und Radfahren einlädt. Weitere Infos unter *www.salach.de.*

Falsches Spiegelei TM
Roh RM
Fasan

» HAMBURGER ESSE ICH AUF KEINEN FALL. DER LÄSST SICH AUF TISCHTENNISBALLGRÖSSE ZUSAMMENDRÜCKEN UND DANN REINSCHIEBEN – EINFACH SCHRECKLICH. «

LACHSFORELLE AUF BOUILLONGEMÜSE MIT BORTSCHSUD UND ROTE-BETE-SORBET

Zutaten für 4 Personen zur Vorspeise

Lachsforelle auf Bouillongemüse

- 240 g *Lachsforellenfilet*
- *Meersalz*
- *Zitronenabrieb*
- *Pfeffer aus der Mühle*
- 120 g *Bouillongemüse, fertig bestehend aus je 30 g Sellerie, Karotte, Staudensellerie, Kartoffeln, Kohlrabi in 3 mm Würfel geschnitten*
- 20 g *Weißwein und in 50 g Geflügelfond mit einem Thymianzweig und einem Lorbeerblatt zusammen mit dem Gemüse geschmort*
- 20 g *Weiße Zwiebelwürfel*
- 200 ml *Rote Bete-Saft*
- 10 g *Pflanzliche Gelatine*
- 4 *Rote Bete-Cubes, gegart, 1,5 cm Kantenlänge*
- 4 *Rote Bete-Gelee-Cannelloni mit 1,5 cm Höhe*
- 20 g *Crème fraîche*
- 80 g *Rote Bete-Sorbet*
- 20 g *Lachsforellen-Kaviar*
- 120 ml *Rote Bete-Suppe (bzw. Bortschsud)*

Lachsforellentatar

- 60 g *Lachsforellenfiletabschnitte für Tatar*
- 1/2 *Teelöffel Schnittlauch*
- *Zitronenabrieb*
- 1 *Spritzer Zitronensaft*
- *Meersalz*
- *Cayennepfeffer*
- 1 *Spritzer Zitronenöl*

Bouillongemüse

- 250 g *Kartoffelwürfel, 3 mm*
- 350 g *Kartoffeln*
- 150 g *Sellerie*
- 100 g *Weißer Lauch*
- 100 g *Weiße Zwiebel*
- 0,3 l *Heller Geflügelfond*
- 80 g *Butter*
- *Gewürzbündel mit Lorbeer / Thymian*
- *Knoblauch*
- *Meersalz*
- 30 g *Roher Kartoffelabrieb*

Rote Bete-Sorbet

- 400 g *Gegarte Rote Bete, in Würfel geschnitten*
- 200 ml *Saft von gegarten Rote Bete*
- 30 g *Rotweinessig*
- 3 g *Meersalz*
- 20 g *Zucker*
- 50 g *Glucose*
- 10 g *Leuterzucker*

LACHSFORELLE

Lachsforellenfilet-Strang mit Zitronenabrieb, Meersalz und Pfeffer aus der Pfeffermühle würzen, mithilfe von Klarsichtfolie zu einer festen Rolle eindrehen, in ein Wasserbad oder Dampfgaren bei 40 °C Wassertemperatur für ca. 25 Minuten garen. In Eiswasser abschrecken. Mit einem scharfen Messer in 4 Medaillons schneiden, auf den gebutterten Porzellanteller legen, mit Klarsichtfolie bespannen und im Holdomat regenerieren (auf 40 °C Kerntemperatur bringen).

LACHSFORELLENTARTAR

Die Lachsabschnitte fein hacken, mit den Gewürzen zu einem würzigen Lachs-Tatar anmachen.

200 ml Rote Bete-Saft mit 10 g pflanzlicher Gelatine aufkochen und in eine Cannelloni-Form gießen, erkalten lassen und 4 Ringe à 1,5 cm Höhe herausschneiden. Den Lachstatar in die Rote Bete-Gelee-Cannelloni einfüllen. Das Rote Bete-Sorbet nach Rezept erstellen und im Paccojet oder in der Sorbetiere gefrieren.

BOUILLONGEMÜSE

Die Zwiebelwürfel in Nussbutter anschwitzen, das Gemüse dazugeben, mit Weißwein ablöschen. Den hellen Geflügelfond angießen, Thymianzweig und Streifen von einem Lorbeerblatt dazugeben, mit Meersalz würzen und dünsten. Das Gemüse darf noch einen leichten Biss haben.

ROTE BETE-SORBET

Alle Zutaten mischen (vorher den Zucker getrennt mischen und auf 40 Grad erwärmen), im Paccojet gefrieren und nach 24 Stunden 2 x pacosieren.

ANRICHTEN

Die Lachsforelle auf der Hautseite sehr knusprig anbraten, drehen und die Fleischseite ebenfalls kurz anbraten. Danach kurz stehen lassen, die Gartemperatur sollte nicht mehr als 45 °C im Kern haben, schön glasig. Auf dem Bouillongemüse anrichten. Als Garnitur die Rote Bete-Saft-Cannelloni gefüllt mit dem Lachstatar, die ausgestochenen Rote Bete-Würfel, das Sorbet und den Kaviar mit Crème fraîche mit anrichten.

SAUVIGNON BLANC
TROCKEN
GA

Armin Karrer

ARMIN KARRER AVUI

AUF DER JAGD NACH NEUEN GESCHMACKSERLEBNISSEN

Lustvoll begibt er sich auf die Jagd:

Armin Karrer ist auf der Suche nach extravaganten und intensiven Geschmackserlebnissen. Der Sternekoch mit österreichischen Wurzeln verbindet in seinem Gourmetrestaurant in Fellbach die experimentelle mit bodenständiger Küche. Begeistert sind die Gäste, dass es dabei durchaus auch mal effektvoll zugeht. Karrer will bei seinen Gourmetmenüs, die bis zu 24 Gänge umfassen, ein Feuerwerk abbrennen und so den Geschmack zum Erlebnis machen.

Was heißt das nun konkret? Karrer nutzt alle möglichen Techniken, um das Optimum zu erreichen. Auf diese Weise öffnet er ungewöhnliche Wege des Geschmacks. Es macht ihm sichtlich Spaß, dies im Restaurant zu zelebrieren. »Das Nonplusultra ist für mich der Geschmack«, sagt Karrer.

Da füllt er zum Beispiel zwei kleine Schälchen aus Rote Bete, die eine Konsistenz wie Styropor haben, mit frisch geriebenem Meerrettich und Schaum von der Schwarzwaldforelle. Die beiden Schälchen fügt er zu einer Kugel zusammen, die er am Tisch unter Fauchen und Dampfen in auf Minus 196 Grad gekühlten Stickstoff taucht und sie dann dem Gast zum Verzehr reicht.

Dieser hat ein Geschmackserlebnis der besonderen Art: Durch die Zubereitung wird der Geschmack der einzelnen Zutaten intensiviert. Effektvoll ist das Ganze allemal. Der Stickstoff entweicht als Dampf durch die Nase. Diese Art des Genusses hat dem Sternekoch den Beinamen »Stier von Fellbach« eingebracht.

Durch solche ironischen Seitenhiebe lässt sich Karrer nicht beirren. Das Kochen ist seine Obsession. Schon als er in die Lehre ging, sei ihm klar gewesen, dass er einmal Spitzenkoch werden wolle.

Sehr viel Zeit habe er damals damit verbracht, neue Rezepte auszuprobieren. Dabei hat er etliche Ordner vollgeschrieben. Der 1968 geborene Tiroler ist ein kreativer Kopf. »Der Gast will nicht nur einen tollen Geschmack, er will auch etwas erleben. Und das bieten wir ihm«, betont er.

Der Aufwand dafür ist enorm. Zwei Monate lang hat Karrer mit Schaum aus Rote Bete experimentiert, bis er die richtige Rezeptur für die Schälchen hatte. Die Schaumbällchen werden dehydriert und ausgehöhlt. Durch die lockere Konsistenz saugt sich der trockene Schaum mit Stickstoff voll. Wenn man darauf beißt, hört man nicht nur ein leichtes Knistern, sondern spürt, wie sich der Geschmack im ganzen Mund entfaltet.

»Bis zu einer halben Stunde bleibt das Aroma erhalten«, so Karrer begeistert. Seine Lust zu ungewöhnlichen Kombinationen führt ihn zu immer neuen Geschmackskreationen. Da steht dann schon mal Gurke mit Passionsfrucht auf dem Speiseplan. Als etwas ganz Exquisites für den Sommer sieht er sein geeistes Speckbrot an. Manchmal hilft auch der Zufall. Als er nämlich eine Passionsfrucht probiert und gleichzeitig Gurkensalat abgeschmeckt hat, da ist die Idee zu einer neuen Kreation gekommen.

»Wir machen Unikate«, erläutert Karrer. »Auf dem Boden bleiben und doch ein wenig verrückt sein, das gefällt mir«, fügt er hinzu. Stolz ist er darauf, dass er in der Region eine Linie gefunden hat, die ihresgleichen sucht. Seit 2004 hat Karrer sein eigenes Restaurant in Fellbach. Vorher hat er als Spitzenkoch auf dem Stuttgarter Fernsehturm für Schlagzeilen gesorgt. Er war der einzige Sternekoch weltweit auf einem Fernsehturm.

Am liebsten würde sich Karrer ausschließlich seiner Gourmetküche widmen. Mit Erfolg führt er ein kleines Gastroimperium mit Kochschule, das er ständig mit neuen Ideen voranbringt. Seine Kochschule hat großen Zuspruch. Sein Credo lautet: Das Ergebnis muss kreativ sein, es muss überraschen, gut aussehen und vom gesundheitlichen Aspekt optimal sein. »Wir kochen experimentell«, fügt er hinzu.

Eine seiner Leidenschaften sind Gewürze. Aus aller Welt versammelt er sie in seiner Küche und macht daraus seine eigenen Gewürzmischungen. »Wir sind hier global player«, sagt er mit einem Augenzwinkern. Seine Bodenständigkeit hat er aber nicht verloren. Zweimal in der Woche steht er morgens um 5 Uhr auf und holt sich vom Großmarkt die besten regionalen Zutaten und pflegt den persönlichen Kontakt mit den Bauern.

Für Karrer muss jeder Teller zum Kunstwerk werden. »Die Aromen habe ich immer schon im Kopf, bevor ich die Speisekarte konzipiert habe«, erklärt er. »Naturprodukte schmecken nur, wenn sie die richtige Temperatur haben, das kann warm oder kalt sein. Gern kochen wir mit Stickstoff, weil bei dieser Art der Kühlung der Geschmack erhalten bleibt«, so Karrer. Der Geschmack soll sich am besten entwickeln können. »Es war ein schwerer Weg bis hierher«, sagt Karrer, der sich freut, dass er sich in Fellbach in seinem Gourmetrestaurant »avui« entfalten kann. Zur Begleitung der Speisen bietet er sowohl österreichische Weine als auch die seiner Wahlheimat an.

Fellbach liegt inmitten von Weinbergen und direkt an der Württemberger Weinstraße. Vom Kappelberg aus überblickt man die Gegend mit seinen sanften Hügeln. Die Vergangenheit Fellbachs als Weingärtnerdorf ist immer noch lebendig.

RESTAURANT AVUI
IM HOTEL ZUM HIRSCHEN
Hirschstraße 1
70734 Fellbach
www.zumhirschen-fellbach.de

» DER GAST SOLL DIE UNVERFÄLSCHTEN AROMEN HERVORRAGENDER PRODUKTE GENIESSEN – PERFEKT ZUBEREITET UND AUSGEWOGEN KOMBINIERT. «

Salach liegt auf dem Weg in den Mittleren Neckarraum, in Fellbach lädt Armin Karrer in sein Restaurant ein. Die Stadt nordöstlich von Stuttgart hat eine lange Weinbautradition. In dem früheren Weingärtnerdorf Alt-Fellbach am Fuße des Kappelsbergs dominieren noch bäuerliche Fachwerkhäuser. Weitere Infos unter *www.fellbach.de.*

DISTILLERIA
Neive (Alba)
Vol. 59%

avui
RESTAURANT

» ALS KIND HABE ICH DAVON GETRÄUMT, EIN GROSSER MUSIKER ZU WERDEN. DA FÜR DAS MUSIKSTUDIUM DAS GELD FEHLTE, BLIEB ICH AUF DEM BODEN DER TATSACHEN UND WURDE KOCH – DENN KOCHEN WAR NEBEN DEM GITARRESPIELEN MEINE ZWEITE GROSSE LEIDENSCHAFT. «

» NUN BIN ICH SCHON SEIT MEHR ALS 20 JAHREN KOCH, UND ES MACHT MIR HEUTE MEHR SPASS DENN JE, IN DIESEM BERUF ZU ARBEITEN. «

KALTES GURKENSÜPPCHEN, WARMER PASSIONSFRUCHT- UND KOKOSESPUMA MIT MOHNSAUCE UND KOKOSKUCHEN

Zutaten für 5 Personen

Gurkensüppchen
- 300 g *Gurkensaft*
- 45 g *Gurkensirup*
- 0,8 g *Limettenschale*
- 5 g *Limettensaft*
- 0,3 g *Xantan*
- 0,4 g *Vitamin C*

Kokoskuchen (Lolly)
(für eine Springform von 26 cm Ø)
- 150 g *Butter*
- 50 g *Staubzucker*
- 6 *Eigelb*
- 100 g *Kokosflocken*
- 70 g *Mandelgrieß*
- 20 g *Mondamin*
- 10 g *Rum*
- 6 *Eiweiß*
- 80 g *Zucker*
- 1 g *Limettenschale*
- 4 g *Limettensaft*

Kokosespuma warm
- 250 g *Kokosmilch*
- 50 g *Kokospulver*
- 150 g *Sahne*
- 2,5 g *Gellan*
- 60 g *Zucker*
- 20 g *Fruchtiges Olivenöl*
- 80 g *Eiweiß*
- 10 g *Zitronensaft*

Passionsfruchtespuma
- 200 g *Passionsfruchtsaft*
- 50 g *Orangensaft*
- 150 g *Sahne*
- 2,5 g *Gellan*
- 70 g *Zucker*
- 1/3 *Vanilleschotenmark*
- 30 g *Fruchtiges Olivenöl*
- 80 g *Eiweiß*

Mohnsauce
- 150 g *Milch*
- 5 g *Zucker*
- 5 g *Honig*
- 1/4 *Vanilleschote, ausgekratzt*
- 1 Prise *Zimt*
- 0,5 g *Zitronenschale, gerieben*
- 5 g *Semmelbrösel*
- 30 g *Mohn, gemahlen*
- 5 g *Rosinen*
- 1 TL *Rum*
- 50 g *Roter Portwein*
- 50 g *Sahne*

GURKENSÜPPCHEN

Alle Zutaten miteinander verrühren, dann Xantan einmixen.

KOKOSKUCHEN (LOLLY)

Butter mit Zucker und Gewürzen schaumig schlagen, danach das Eigelb einrühren. Das Eiweiß mit dem Zucker aufschlagen, Kokos, Mondamin und Mandelgrieß einmehlieren, in eine gebutterte Form geben und bei 170 °C 8 Minuten backen.

KOKOSESPUMA WARM

Kokosmilch, Kokospulver, Zucker, Gellan und Sahne aufkochen und in einen Thermomix geben, danach etwas abkühlen lassen. Eiweiß, Olivenöl und Zitronensaft darunter mixen. In einen ISI-Gourmetwip geben und mit 2 Patronen begasen, bei 60 °C warm stellen.

PASSIONSFRUCHTESPUMA

Passionsfruchtsaft, Orangensaft, Sahne, Gellan, Vanillemark und Zucker aufkochen, in einen Thermomix geben und etwas abkühlen lassen. Eiweiß und Olivenöl einmixen. In einen ISI-Gourmetwip geben und mit 2 Patronen begasen, bei 60 °C warm stellen.

MOHNSAUCE

Milch, Zucker, Honig, Vanilleschote, Zitronenschale aufkochen, gemahlenen Mohn und Semmelbrösel zugeben. Die Rosinen fein hacken und ebenfalls dazugeben.
Die Masse ca. 40 min. bei mittlerer Hitze weich garen. Mit Rum und Zimt abschmecken. Portwein reduzieren und unterrühren, Sahne zugeben und nochmals cremig rühren.

ANRICHTEN

Das Dessert wird auf einem eiskalten Teller angerichtet. Wichtig für den Geschmack ist die Kombination aus heiß und kalt.
Gurkensaft kalt, beide Schäume warm, Kokoskuchen lauwarm. Die Schäume werden kurz vor dem Servieren aufgespritzt.

Vincent Klink

VINCENT KLINK WIELANDSHÖHE

»SITTING KÜCHENBULLS« TRILOGIE: KOCHEN, SCHREIBEN, MUSIZIEREN

Kochen, Schreiben und Musizieren – das sind die Leidenschaften von Vincent Klink. Dieser Dreiklang begleitet den Chef der Stuttgarter »Wielandshöhe« bis heute. Er verbinde in herausragender und zugleich wunderbarer Weise das Handwerk des Kochens mit dem Hand- und Mundwerk des Schreibens, Musizierens und der Fernsehunterhaltung, hieß es vor einigen Jahren in der Laudatio zum Eckart-Witzigmann-Preis. Ob als Sternekoch in seinem Restaurant, als Autor und Herausgeber seiner literarisch-kulinarischen Kampfschrift »Häuptling eigener Herd«, als Bassflügelhornspieler und Trompeter oder als Fernsehkoch – für den in Schwäbisch Gmünd aufgewachsenen Sohn eines Amtstierarztes steht Konsequenz bei seinem Tun an oberster Stelle.

Dies erfährt der Gast bereits, wenn er sich auf der Homepage über die »Wielandshöhe« informiert, die Vincent Klink (Jahrgang 1949) seit 1991 betreibt. »Bei uns essen Sie in keinem weihevollen Gourmettempel. Wir verstehen uns als Gasthaus, in dem der wahre Genießer zufriedengestellt werden soll«, heißt es dort. Und tatsächlich: Im Restaurant säuselt keine Musik und man darf auch laut lachen. In schwäbischer Bescheidenheit ergänzt der Hausherr: »Elegant ist es bei uns sowieso«. Er verzichtet zwar nicht auf feinstes Tischtuch und üppigen Blumenschmuck, aber auf Verzierungen, Deko oder ähnlichen Firlefanz. »Dem Ruf nach Raffinesse folgen wir nicht und ungewöhnliche Geschmackskombinationen interessieren mich nicht«, erklärt Klink. Ein Koch habe nur wenig Spielraum, dieser beschränke sich auf saisonale Auswahl, Art der Garung, Garzeiten, Würzung, Kombination mit anderen Produkten (»Vorsicht!«), Portionierung und logische Anordnung auf dem Teller.

Der kochende, schreibende und musizierende Schwabe steht auf Tradition, aber nicht auf »Heimattümmelei«, wie er betont. Er kocht ursprünglich und serviert seinen Gästen Bestes aus der Region, aber auch Geflügel oder Fisch von der Atlantikküste. »Wir sind auch nicht daran interessiert, dass man unsere Küche Sterneküche nennt, und ebenso empfinde ich mich nicht als Sternekoch«, sagt Vincent Klink bescheiden. Obwohl er weiß, dass ein Michelin-Stern – den er schon 1978 (»Das war der Hammer«) bekommen hatte – »ein Drittel mehr Umsatz« bringen kann und sein Verlust, wie auch er einst am eigenen Leib leidvoll erfahren musste, einen Koch zum »Absteiger« macht: »In Deutschland bleibt man dann ein Leben lang gebrandmarkt.« Solch ein Stern sei »eine Art Promotion«, die man nicht geschenkt bekommt. Trotzdem bleibt Klink seiner Philosophie treu: »Ich koche am Rande des Sterns entlang, weil ich die ganzen Luxus-Accessoires weglasse und Hummer mit Kartoffelsalat serviere.«

Ob Stern oder nicht – die meisten aus seiner großen und dankbaren Stammkundschaft (»Wiederholungstäter«), die Klinks Küchenkunst schon früher im Restaurant Postillon in Schwäbisch Gmünd geschätzt haben, tangiert dies wenig. »Unsere Lieblingsgäste besuchen uns nicht wegen der schönen Aussicht, sondern wegen der kompromisslosen Qualität der Speisen«, erklärt er. Auch sagen sie nicht: »Oh, sieht das schön aus!«, sondern bejahen mit: »Hmm, es schmeckt!«, weshalb er »Tellertätowierungen« in Form von Pünktchen oder Strichen ebenso ablehnt wie Zierrat und Kräuterblättchen.

Denn »Sitting Küchenbull«, wie er sich in seinen »gepfefferten Erinnerungen eines Kochs« 2009 betitelt, ist überzeugt davon, dass die Qualität des Produkts vom Geschmack und dann erst vom Aussehen bestimmt wird. Deshalb lehnt er Gentechnik bei Lebensmitteln ab, achtet auf artgerechte Tierhaltung und kauft hauptsächlich bei regionalen Erzeugern ein – Fleisch aus Herrmannsdorf oder von der Erzeugergemeinschaft Schwäbisch Hall oder Ochsen aus Rechberg. Das Wild kommt aus dem Fränkischen und von einheimischen Jägern, die ihr Erlegtes selbst vorbeibringen. Dabei kauft er möglichst ganze Tiere bei Reh und Hase oder große Teile ein. »Dies führt automatisch zu ›vergessenen Gerichten‹ und zur Pflege der so genannten ›einfachen Küche‹, die ausstirbt, weil sie so arbeitsintensiv und schwierig zu kochen ist«, betont er.

Außerdem lehnt er es ab, Traditionelles zu modernisieren, er bringt diese Speisen lediglich ernährungsphysiologisch auf den neuesten Stand: »Maultasche sollte Maultasche bleiben und nicht Ravioli werden. Also gehört kein Lachs, Hummer, kein Zitronengras oder sonstiger Zeitgeist hinein.« Er koche für Zunge und Gaumen und für Leute, bei denen das Schmecken noch funktioniert.

Klink ist überzeugtes Mitglied der Genießervereinigung Slow Food und rät allen Konsumenten, ihr gesundes Misstrauen zu schulen. »Dass der Satz neue Winterreifen nicht für 10,50 Euro zu haben ist, kapiert jeder. Aber dass ein Mittagsmenü nicht für 4,50 Euro zu kochen ist, wenn ein Fleischgang dabei ist, geht offenbar nicht in die Köpfe«, kritisiert er. Noch viel unverständlicher findet er, dass ausgerechnet Leute mit geringem Einkommen teure Fertiggerichte kaufen, bei denen man »vor allem für Verpackung und große Sprüche zahlt«. Wer sich seinen Speiseplan vom Werbefernsehen diktieren lasse, »zahlt zweimal drauf: für die Werbung und für überteuertes Essen.« Das gibt es bei ihm nicht.

RESTAURANT WIELANDSHÖHE
Alte Weinsteige 71
70597 Stuttgart
www.wielandshoehe.de

9

In Stuttgart machen wir Station bei Vincent Klink. Von der Wielandshöhe aus eröffnet sich ein herrlicher Blick über Baden-Württembergs Landeshauptstadt. Diese bietet zahlreiche Sehenswürdigkeiten, vom Fernsehturm und der Zahnradbahn über die Stiftskirche bis zu Oper, Theater und Museen der Spitzenklasse. Weitere Infos unter *www.stuttgart.de*.

» EIN UNGLÜCKLICHER KOCH KANN NICHT GUT KOCHEN. «

» WENN DAS DESIGNTE ESSEN UNGESUND WÄRE, MÜSSTEN DIE AMERIKANER JA SCHON AUSGEROTTET SEIN. UND DIE ENGLÄNDER NOCH VORHER. DER MENSCH IST UNZERSTÖRBAR. ABER DAS LEBENSGLÜCK GEHT SO VERLOREN. «

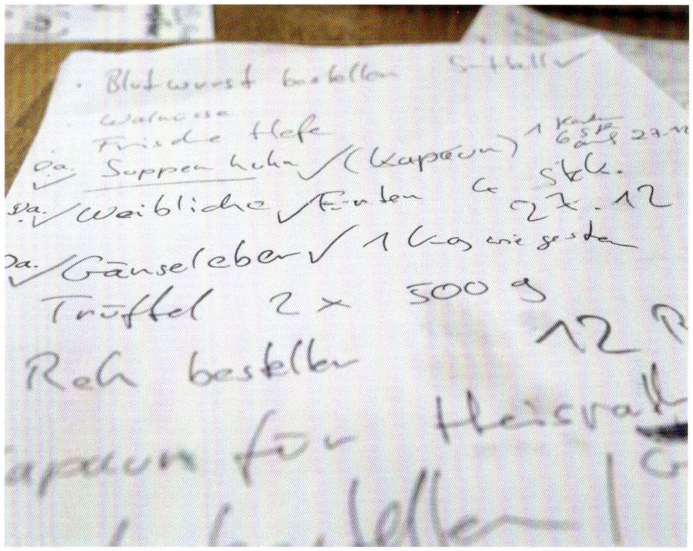

» GUTE KÜCHE, DIE SICH AUF DEN BODEN BEZIEHT, AUF DEM WIR STEHEN, WAR NIE AUS DEM TREND ODER IM TREND, ›IN‹ ODER ›OUT‹, SIE IST SCHLICHTWEG FÜR VIELE GENIESSER DIE BASIS, EIN GRUNDBEDÜRFNIS. «

KALBSHAXENRAGOUT MIT GERÖSTETEM FRÜHLINGGEMÜSE UND NUDELN

Zutaten für 2 Personen

Kalbshaxenragout

- 500 g *Kalbshaxenwürfel*
- 2 *Große Zwiebeln*
- 1 *Knoblauchzehe*
- 1 EL *Olivenöl*
- 1 *Lorbeerblatt*
- 1 TL *Zimt*
- 400 ml *Kalbs- oder Rinderbrühe*
- 5 *Tomaten*
- *Petersilie*
- *Salz / Pfeffer*

Geröstetes Frühlingsgemüse

- 1 *Fenchelknolle*
- 1 *Fleischtomate*
- *Etwas grünen Spargel*
- 1 *Große gekochte Kartoffel*
- 1 TL *Thymian, feingehackt*
- 1 TL *Rosmarin, feingehackt*
- 1 TL *Olivenöl*
- 1 *Knoblauchzehe, gehackt*
- 1 *Tomate, feingehackt*
- 1 *Petersilie, feingehackt*
- 1 TL *Balsamicoessig*
- 1 Msp. *Groben schwarzen Pfeffer*
- 1 Msp. *Grobes Meersalz*

Nudeln

- 350 g *Semola (Hartweizendunst)*
- 3 *Eigelb*
- 1 *Ei*
- 1 Msp. *Salz*
- 1 TL *Olivenöl*

KALBSHAXENRAGOUT

Die Zwiebeln in sehr feine Scheiben schneiden und mit den Fleischwürfeln in Olivenöl braun braten. Die Tomaten kleinschneiden und mit den Gewürzen zum Fleisch geben. Auf kleinem Feuer mindestens drei bis vier Stunden lang bei geschlossenem Deckel simmern lassen. Falls auf dem Topfboden das Fleisch ansetzt, immer wieder mit Brühe ablöschen.

Nun muss ein Stückchen Fleisch probiert werden, ist es weich, dann alle Fleischstücke mit einer kleinen Gabel aus dem Topf holen. Den Zwiebelfond mit dem Handmixer pürieren. Evtl. Abschmecken mit Pfeffer und Salz.

FRÜHLINGSGEMÜSE

(im Sommer nennen wir es Sommergemüse mit alternativen Gemüsezutaten)

Die Fenchelknolle in Scheiben schneiden und mit dem grünen Spargel in Salzwasser pochieren. Anschließend auf Küchenfließ trocknen und den Fenchel in Scheiben schneiden. Tomaten und Kartoffeln auch in Scheiben schneiden und in Olivenöl weich braten, etwas bräunen. Eine Tomate bleibt übrig und wird gehackt und zum Schluss mit den restlichen Zutaten untergemengt.

NUDELN

Hartweizen ist es etwas anderes als der Weizen aus unserer Gegend. Er hat gelbes Mehl, die gleiche Farbe, welche wir vor uns sehen, wenn wir in eine Packung Grieß schauen. Die völlig gelben Spaghetti werden ohne Eier, nur aus Hartweizenmehl gedrückt und sind, wie wir alle wissen, ziemlich gelb. Es sind also nicht die Eier, die gute Nudeln so appetitlich aussehen lassen.

Mehl auf ein Nudelbrett häufen und in der Mitte ein Loch freischieben. Die Eier einschlagen, das Olivenöl dazu tröpfeln und alles zu einem glatten Teig kneten.

Der Teig sollte fest sein und darf ruhig an Knetmasse erinnern. Das ist anstrengend, aber ich kenne keine Maschine, welche das für uns erledigen könnte. Es ist von Vorteil, zuerst etwas weniger Mehl zu nehmen und den Teig weich anzukneten, um anschließend immer wieder soviel Mehl hinzuzugeben, bis die gewünschte Festigkeit erreicht ist. Hat man eine Nudelmaschine, wozu ich dringend rate, so kann man den Teig auf weitester Stufe walzen, immer wieder, bis er glatt ist.

Den Teig mit Mehl bestäuben, in der Nudelmaschine oder aber mit dem Wellholz, auf einer möglichst ebenen Platte (Steinplatte wäre ideal) auswellen.

ANRICHTEN

Die Nudeln bissfest kochen. Auf einem großen Teller nebeneinander das Fleisch, die Nudeln und das Gemüse anrichten.

Steffen Ruggaber

STEFFEN RUGGABER

LAMM

SEIN WEG GING IMMER DURCH DIE KÜCHE

Die Eltern betrieben in Roßwag, einem Weinort wie aus dem Bilderbuch unweit von Vaihingen an der Enz, das Gasthaus »Lamm«. In der traditionellen Wirtschaft war die Küche gleichsam der Knotenpunkt zwischen Privatleben und Schaffen. Wenn Klein-Steffen zu Mama oder Papa wollte, marschierte er am Herd vorbei. Wenn er in die Wohnung ging, passierte er erneut Töpfe und Pfannen. »Das war immer interessant«, erinnert sich der 1976 geborene Steffen Ruggaber, »da war immer Action.«

Geradezu spielerisch bekam er vermittelt, was es heißt, ein Wirtshaus zu führen, welche Arbeit notwendig ist, die große Zahl an Stammgästen zu verköstigen: »Da wächst man automatisch rein.« Der Bub, kaum elf Jahre alt geworden, half an den Wochenenden regelmäßig mit. Salate anrichten, Teller garnieren, das waren die ersten Tätigkeiten in der Küche. Die Arbeitseinsätze in dieser Werkstatt des guten Geschmacks wären ihm jedoch beinahe verleidet worden: »Wenn der Koch den Käse auf dem Toast Hawaii gratiniert hat, war dies ein relativ unangenehmer Geruch.«

Eltern und Sohn waren sich sehr früh einig. »Du musst einmal Koch werden«, sagten sie. »Es war der Lebenstraum von meinem Papa«, blickt Steffen Ruggaber zurück, »was er aufgebaut hat mit viel Zeit und Liebe sollte weitergehen.« Zwang habe dabei keine Rolle gespielt, »das war schon meine freie Entscheidung«. Also hat der einzige Sohn im Pforzheimer Ratskeller bei Otto Teschner gelernt. 20 Leute in der Küche versorgten sowohl 200 Esser in der Rathaus-Kantine als auch 2000 Gäste in der Stadthalle.

Steffen Ruggaber packte der Ehrgeiz: Er verschlang Bücher und Fachliteratur, ließ sich inspirieren von den Kollegen, die in den Baiersbronner Häuser von Hermann Bareiss und Heiner Finkbeiner lernten. Einen seiner besten Freunde begleitete er auch zum Reinschnuppern ins Bareiss. Eine Woche lang saugte er beim Praktikum in Martin Öxles Speisemeisterei alles auf, »da sieht man wahnsinnig viel«. Für den wackeren Schwaben aus Roßwag stand unumstößlich fest: »Ich will in die Spitzengastronomie.«

In der »Traube« von Dieter Kaufmann in Grevenbroich, damals eine der besten Adressen der Republik, fand Steffen Ruggaber seine erste Top-Station als Commis. Bei Dieter Müller im Schlosshotel Lerbach erlebte der wissbegierige Metzgersohn moderne Kochkunst der Drei-Sterne-Klasse. »Er ist sehr akkurat, er schätzt das Team«, beschreibt Ruggaber seinen Lehrmeister, der ihn stark geprägt hat. In Müllers Gourmetherberge lernte Ruggaber seine Frau Sonja kennen, Hotelfachfrau und Betriebswirtin.

Im Herbst 2000 folgte Steffen Ruggaber dem Ruf in die Heimat. Der Wechsel in den Dorfgasthof sei »nicht ganz freiwillig« erfolgt, verrät er in aller Offenheit, »das ist eine ganz andere Welt«. Am Samstag habe er noch am Drei-Sterne-Menü mitgewirkt, am Mittwoch dann »haben wir den ersten Bus abgefertigt«. Zwei Jahre später starb der Vater, der sein Vorbild war: »Er hatte wahnsinnig viel Energie, konnte Tag und Nacht arbeiten.« Das schaffige Multitalent war Metzger, Koch, Gastwirt, Winzer, Schnapsbrenner. Der einzige Sohn klagt daher auch nicht, wenn er wenig Schlaf bekommt.

Steffen Ruggaber hat den elterlichen Betrieb übernommen, anfangs mit der Mutter allein, dann hat er sich Unterstützer nach seinem Gusto eingestellt. »Ich habe mein eigenes Ding gemacht«, sagt er dazu. Bereut hat er die Generationenfolge nicht. Der Junior als Chef hat sich den Betrieb passend gemacht, hat modernisiert. Und, was einem geschäftstüchtigen Schwaben wichtig ist, im »Lamm« wurden immer schwarze Zahlen geschrieben. Die Stammkundschaft wurde nach und nach auf den neuen Stil eingestellt, also kulinarisch umerzogen, ohne sie komplett vor den Kopf zu stoßen. »Es kamen immer wieder neue Gäste, der eine hat es dem anderen erzählt.« Zwar seien einige der Alten weggeblieben, weil es kein Zigeunerschnitzel mehr gab und keinen Toast Hawaii. Dafür freundeten sich immer mehr mit der gastronomischen Flurbereinigung an.

Die konstante Leistung ist im November 2012 mit einem Michelin-Stern belohnt worden. Bei aller Freude darüber, reagierte der Spitzenkoch doch auch ein wenig geschockt: »Das bringt noch mehr Verantwortung mit sich; den Stern zu verlieren, wäre das Schlimmste, was einem passieren kann.« Kaum ausgezeichnet, schon begannen die Anstrengungen, diese Würde zu verteidigen. Zwar hat Ruggaber seine Mannschaft aufgestockt, was dank des Sterns leichter ist, weil sich mehr und kompetentere Bewerber meldeten. Aber an seinem Konzept einer modern-leichten Regionalküche auf klassischer Basis (»Reh geht immer, Trüffel muss nicht unbedingt sein«) mag er nichts ändern. »Wir werden unserer Philosophie von gelebter Gastfreundschaft in Verbindung mit gutem Essen und außergewöhnlichen deutschen Weinen treu bleiben«, verspricht Ruggaber.

Seit der Stern über dem »Lamm« erstrahlt, könnten an Wochenenden die Plätze zweimal belegt werden. Das aber kommt den Wirtsleuten ebenso wenig in den Sinn wie einen weiteren Tisch reinzuzwängen. »Lieber zehn Gäste weniger und dafür alle zufrieden«, lautet die Ruggaber-Maxime. Schließlich soll die Arbeit bei aller Akkuratesse und dem klaren Hang zur Perfektion ja auch noch Spaß machen. Steffen Ruggaber hat derzeit fünf Mitarbeiter in der Küche. Manchmal sind es auch sechs, wenn Tochter Svea (Jahrgang 2010) mitmischt, fast so wie einst ihr Vater.

GASTHAUS LAMM
Rathausstraße 4
71665 Vaihingen an der Enz-Roßwag
www.lamm-rosswag.de

Zwischen Stuttgart und Pforzheim lockt die malerische Fachwerkstatt Vaihingen an der Enz. Im Ortsteil Roßwag, einem Weinort, ist Steffen Ruggaber daheim. In dem idyllisch gelegenen Ort kann man Trockenmauern an den Steilhängen finden. Roßwag grenzt an ein Natur- und Landschaftsschutzgebiet. Weitere Infos unter *www.vaihingen.de.*

» WIR HABEN DIE AMBITION, ALLES BESONDERS GUT ZU MACHEN. «

» ES IST EIN LEBENSTRAUM, EINEN STERN ZU HABEN;
IHN ZU VERLIEREN, WÄRE DAS SCHLIMMSTE, WAS EINEM PASSIEREN KANN. «

YELLOW FIN THUNFISCH MIT KARTOFFEL-LIMONENCREME, AVOCADO UND GURKEN-WASABISORBET

Zutaten für 4 Personen

Yellow fin Thunfisch

- *ca. 300 g Yellow fin Thunfisch (aus dem Mittelstück)*
- *je 40 g Weißer und schwarzer Sesam*
- *Erdnussöl zum Braten*

Kartoffel-Limonencreme

- *2 Große mehlig kochende Kartoffeln*
- *4 Stück Kaffir-Limettenblätter*
- *1/2 Stange frisches Zitronengras*
- *Salz, Pfeffer aus der Mühle*
- *Limonenöl*
- *Limonenabrieb*
- *Schnittlauch in Röllchen geschnitten*
- *Etwas Milch*
- *Crème double*

Avocadocreme

- *1 Stück reife Avocado*
- *Etwas gehackten Chili*
- *1/2 Zehe zerriebener, junger Knoblauch*
- *Etwas Zitronenabrieb*
- *10 ml Limonensaft*
- *Salz, Pfeffer aus der Mühle*
- *Koriandergrün, fein gehackt*

Gurken-Wasabisorbet

- *25 ml Milch*
- *50 ml Flüssige Sahne*
- *1 Blatt Gelatine*
- *40 g Glukose*
- *75 g Joghurt 3,8 %*
- *1/2 Limone Saft, Abrieb*
- *30 Stück Korianderblätter*
- *15 Stück Minzblätter*
- *Etwas Wasabipaste*
- *1/2 Salatgurke mit Schale*

YELLOW FIN THUNFISCH

Den Thunfisch in Rechtecke schneiden. Bis zum Anrichten im Kühlschrank aufbewahren. Kurz vor dem Anrichten die Thunfisch-Rechtecke in Sesam wenden und von jeder Seite kurz scharf anbraten und an einem warmen Ort kurz ruhen lassen. Der Thunfisch soll innen noch roh sein. In vier gleichmäßige Stücke auftranchieren.

KARTOFFEL-LIMONENCREME

Kartoffel schälen und in gleichmäßige Würfel schneiden. Das Wasser mit den Kafir-Limettenblättern und dem kleingeschnittenen Zitronengras sowie etwas Salz aromatisieren und die Würfel darin gar kochen. Kartoffel abgießen und ausdampfen lassen. Durch die Presse drücken und mit der Milch und der Crème double zu einem glatten Püree rühren. Mit dem Limonenöl und dem Limonenabrieb sowie Salz und Pfeffer würzig abschmecken. Zum Schluss den Schnittlauch unterziehen.

AVOCADOCREME

Avocado schälen und vom Stein befreien. Mithilfe einer Gabel fein zerdrücken, es sollten noch Stücke zu erkennen sein. Mit den restlichen Zutaten zu einer würzigen Creme abschmecken.

GURKEN-WASABISORBET

Milch und Sahne aufkochen, die Glukose dazugeben und die eingeweichte und ausgedrückte Gelatine darin auflösen. Die Flüssigkeit mit den restlichen Zutaten fein mixen und danach durch ein Sieb passieren, abkühlen lassen und in einer Eismaschine cremig frieren. Im Tiefkühlfach aufbewahren und bei Bedarf mit einem Löffel Nocken abstechen.

ANRICHTEN

Am besten mithilfe einer Schablone auf dem Teller anrichten.

DAUTEL

Franz Feckl

FRANZ FECKL LANDHAUS FECKL

Landhaus Feckl
Franz Feckl
JEUNES
RESTAURATEURS
D'EUROPE

BESEELT VON LEIDENSCHAFT UND GENUSS

Vielleicht wäre Franz Feckl ja auch als Leistungssportler weit gekommen. Im Fußball hatte der junge Oberbayer die besten Anlagen. Doch es hieß: »Der Bub soll Koch werden«. Der Beschluss des Familienrats schlug dem Sprössling glücklicherweise nur kurzfristig auf den Magen. Denn zu Hause, in der elterlichen Gastwirtschaft, hatte er schon längst den Spaß an der Arbeit zwischen Töpfen und Pfannen entdeckt. »Kochen ist mein Ding. Das freut mich schon ein Leben lang«, sagt Franz Feckl.

Nach seiner Ausbildung in Mühldorf begann bei den Brüdern Bofinger in der Sonne-Post in Murrhardt Mitte der 1970er-Jahre der Aufstieg. Im Rückblick war es für Franz Feckl seine wichtigste Station: familiengeführt, die Chefs in der Küche und im Service, fordernd aber auch großzügig gegenüber den Mitarbeitern. »Das lebe ich heute noch«, sagt der Ehninger Sterne-Koch.

Die höheren Weihen der Kochkunst erhielt Feckl (Jahrgang 1955) unter anderen bei Ernesto Schlegel in Bern und beim Jahrhundertkoch Eckart Witzigmann. Die erste Berufung zum Küchenchef folgte 1981 im Hotel Walters Hof in Kampen auf Sylt. Nach der nächsten Station im Goldschmieding in Castrop-Rauxel, wo er seine Frau Manuela kennenlernte, kam 1985 der Schritt in die Selbstständigkeit. Das Schloss Höfingen wurde schnell zum Inbegriff besonderer Küchenkultur im Kreis Böblingen. 1987 bedachte ihn der Guide Michelin mit einem Stern. Dieser leuchtet seitdem, auch nach dem Umzug 2000 ins neu gebaute Landhaus nach Ehningen, ununterbrochen über dem Hause Feckl. Es gibt nicht so viele Dauerbrenner am Sternenhimmel, was den Ehninger mit Stolz erfüllt – und freiwillig zurückgeben würde er ihn nie.

Sein Erfolgsrezept: »Es fängt mit exaktem Arbeiten bei der Zubereitung an. Das braucht Zeit. Kochen ist Aufwand und Abkürzungen sind dabei der falsche Weg«, erläutert Feckl. Den Anteil der handwerklichen Arbeit am Erfolg schätzt er auf 95 %, der Rest ist Kunsthandwerk. Doch bei aller Mühe und allem Ehrgeiz: Die Arbeit ist gleichermaßen beseelt von Leidenschaft und Genuss. »Ich bin schon ein Genussmensch«, so Feckl über Feckl. Genuss sei, gerade in seinem Beruf, eine Grundvoraussetzung. »Ein Koch, der nicht genießt, entwickelt sich nicht.« Für ein gutes Essen bei Kollegen ist er gerne zu haben.

Im Grunde ist Franz Feckls Küche bodenständig, ohne viel Chichi. Frische Produkte, möglichst aus der Region, werden mit viel Fantasie und Lust an der Innovation veredelt. Schwäbische Spezialitäten überarbeitet Franz Feckl für seine ganz persönliche und moderne Note gerne mit Akzenten der mediterranen oder der französischen Küche. Wichtig dabei: Der Charakter soll zwar neu interpretiert, aber nicht bis zur Unkenntlichkeit verändert werden. »Ich habe schon immer Rostbraten, Ochsenschwanz oder auch Spätzle auf der Karte. Diesen regionalen Spezialitäten muss sich ein Sterne-Koch stellen, das ist doch Kochen«, sagt der Wahl-Ehninger.

Überhaupt der Ochsenschwanz. Der begleitet Franz Feckl spätestens seit seiner Zeit bei den Bofingers in Murrhardt, wo die klare Ochsenschwanzsuppe mit Sherry und Käsestange ein kulinarischer Ausdruck des Zeitgeistes der 1970er-Jahre war. Ein Muss bei festlichen Gesellschaften. Noch heute hängt sein Herz an den Knochen mit dem aromatischen Fleisch. Das Ragout ist gewissermaßen ein Markenzeichen von Franz Feckl. »Der Ansatz ist das Wichtigste. Man braucht dabei viel Zeit, Liebe zum Detail und Hingabe. Früher war es eine richtige Knochenarbeit«, sagt er mit Blick auf das ewige Anbraten und Ablöschen. Zumindest dies hat sich mit der modernen Technik des Sous-vide-Garens vereinfacht. Zeit braucht es immer noch. Denn der angebratene Ansatz kommt vakuumverpackt über 60 Stunden ins 72 Grad warme Wasserbad, um butterzart wieder ausgepackt zu werden.

Bei seinen Variationen vom Ochsenschwanz lässt Franz Feckl keinen Zweifel: »Das Beste ist das Ragout.« Die unterschiedlichen Verpackungen – ob im Kartoffelmantel, als Ravioli oder Minifeuille im Knödelteig – seien vor allem Augenschmeichler. Immerhin: Diese Kreation mit Spätzle, Karotten und der kräftigen Bratensauce gibt es nur bei Franz Feckl.

Klassisch-französisch ist der Hintergrund seines übrigen kulinarischen Schaffens. Doch ob Hummer oder Seefisch, Trüffel oder exotische Früchte: »Das Wichtigste beim guten Kochen sind Superprodukte. Zuerst muss es gut schmecken – und dann darf es auch noch schön aussehen.« Optik ist nicht das Wichtigste bei den Kreationen im Landhaus. Der Gast müsse vielmehr blind schmecken, was er auf dem Teller hat. Dies verlange zunächst einen klaren und deutlichen Kochstil und die Konzentration auf die wesentlichen Komponenten. »Ich möchte nicht 20 Sachen auf dem Teller haben, dafür müssen die Elemente darauf groß genug sein, dass man sie auch schmecken kann«, lautet das Credo des Sternekochs und nicht zuletzt auch die Botschaft an seine Köche in der Küche.

Dort knüpft er zumindest an einer Tugend seiner alten Leidenschaft, dem Fußball, an. Franz Feckl sieht sich als Teamplayer. »Ohne meine Mannschaft könnte ich das alles so nicht leisten«, resümiert er seinen Erfolg.

RESTAURANT LANDHAUS FECKL
Keltenweg 1
71139 Ehningen
www.landhausfeckl.de

Die Route führt vom Enztal zurück in den Landkreis Böblingen. In Ehningen führt Franz Feckl sein Landhaus. In der Umgebung des am Naturpark Schönbuch gelegenen Orts bieten sich zahlreiche Freizeitmöglichkeiten. Der Golfplatz Schaichhof liegt in der Nähe. Ein Bachlehrpfad ist im Ort angelegt worden. Weitere Infos unter *www.ehningen.de.*

» MEIN MOTTO LAUTET: JEDEN TAG GLEICH GUT. «

» GENUSS HAT VIELE FACETTEN. IN DIESEM SINNE
BIRGT FÜR MICH AUCH EIN BUTTERBROT GENUSS IN SICH. «

» ICH ESSE GERN UND ALLES, WAS GUT IST. UND DIE KNÖDEL VON DER MUTTER SIND DIE BESTEN DER WELT. «

OCHSENSCHWANZ-RAGOUT (KLASSISCH)

Zutaten für 4 Personen

Ochsenschwanz-Ragout

- 5 kg *Ochsenschwanz*
- 800 g *Röstgemüse (Zwiebel, Karotte, Sellerie)*
- 80 g *Tomatenmark*
- 1 l *Rotwein*
- 0,1 l *Balsamessig*
- 2 l *Kalbsfond*
- *Zerdrückte Pfefferkörner*
- 3 *Zerdrückte Pimentkörner*
- 60 g *Pflanzenfett*

Gewürzbeutel

- 3 *Lorbeerblätter*
- *Thymian*
- 2 *Knoblauchzehen*
- 2 *Petersilienwurzeln*

OCHSENSCHWANZ-RAGOUT

Das Fleisch im Gelenk zerteilen, kräftig anbraten, das Fett abgießen. Salz hinzufügen und mehrmals mit Wasser ablöschen. Das Röstgemüse (2/3 Zwiebel, Karotte, Sellerie) dazugeben und mitrösten. Tomatenmark dazugeben, mit Rotwein und Balsamessig ablöschen und reduzieren, mit Kalbsfond auffüllen, mit Pfeffer- und Pimentkörnern würzen, im Ofenrohr abgedeckt ca. 3 Stunden bei mäßiger Hitze schmoren.

GEWÜRZBEUTEL

Ca. 1 Stunde vor Fertigstellung 2 ausgedrückte Knoblauchzehen dazugeben, ebenfalls 2 Petersilienwurzeln hinzufügen.
Die weich geschmorten Ochsenschwanzstücke aus dem Fond nehmen, etwas abkühlen lassen und das Fleisch von Knochen und Knorpeln lösen.
Den Fond fein passieren und mit den ausgelösten Knochen auf die gewünschte Konsistenz einkochen, gut degressieren, nochmals passieren und abschmecken. Mit etwas Butter verfeinern.

BEILAGEN

Als Beilage empfehlen sich hausgemachte Spätzle und Gemüse.

Gerd Windhösel

GERD WINDHÖSEL HIRSCH

ER SPIELT AUF DER KLAVIATUR DER AROMATIK

Landgasthöfe sind in – auch in der Gourmetszene. Der geneigte Feinschmecker weiß es zu schätzen, im Sommer an einem Bächlein im Schatten einer Kastanie den Aperitif einzunehmen. Auch die leidige Parkplatzsuche, die beim Besuch eines Innenstadt-Lokals die Vorfreude trübt, entfällt. Im Umfeld eines Landgasthofs gibt es in der Regel Parkplätze in Hülle und Fülle. Der »Hirsch« in Erpfingen ist ein solcher Landgasthof mit all seinen Vorteilen: inmitten eines Dorfes auf der Schwäbischen Alb, mit faszinierender Landschaft ringsherum – mit reichlich Landschaft! Denn der »Hirsch« in Erpfingen ist ein Landgasthof auch mit all seinen Nachteilen. Er ist richtig auf dem Land. Jotwede. Hierher kommt niemand mal einfach so, aus Zufall.

Es ist aber auch kein Zufall, dass der Mann, der hier am Herd steht, dort steht, wo er steht. Gerd Windhösel ist ein Älbler von echtem Schrot und Korn. Auf der Alb geboren, in Erpfingen zur Grundschule gegangen, hier groß geworden, ohne aber zu vergessen, über den Tellerrand hinauszuschauen. »Ich bin in der Gegend hier verwurzelt«, sagt Gerd Windhösel. Aber ein Älbler von jener Sorte, die es auch hinauszieht in die Welt. Um dort Erfahrungen zu sammeln. Um diesen Duft der weiten Welt schließlich zu verbinden mit dem vertrauten Geschmack der Heimat.

Denn schließlich ist es ebenfalls alles andere als ein Zufall, dass Windhösels Kochkunst mitten auf der Alb mit einem Michelin-Stern ausgezeichnet wurde. Und das ohne Unterbrechung seit Anfang der 1990er-Jahre. Vorherbestimmt war es ihm nicht, denn als Windhösel – geboren im Spätsommer 1960 – im Frühherbst des Jahres 1985 in den elterlichen Betrieb zurückkehrte, war dieser eine traditionelle Dorfwirtschaft. Und das, was nun von dem ambitionierten Koch gefragt war, war nicht in erster Linie große Kochkunst, sondern Augenmaß und Fingerspitzengefühl. Es galt zum einen, Schritt für Schritt sein Können in die Speisekarte einfließen zu lassen, was er bei den Protagonisten der deutschen Hochküche gelernt hatte. Zum anderen aber duften die Stammgäste nicht verschreckt werden mit allzu Exotischem, musste es ein Stück weit der »Hirsch« bleiben, der er über Jahrzehnte gewesen war.

Seine Lehre als Koch hatte Windhösel im Hotel Bareiss in Baiersbronn absolviert. Nach einem Jahr kam Claus-Peter Lumpp dazu. »Die ersten Grundbegriffe des Kochens habe ich ihm beigebracht«, sagt Windhösel über den damaligen Stift, der heute als Drei-Sterne-Koch in der Gourmetküche des Bareiss' immer noch das Sagen hat. Den Erpfinger und den gebürtigen Wannweiler, die es beide der Kochkunst wegen in den Schwarzwald verschlagen hatte, verbindet bis heute eine enge Freundschaft.

Nach seiner Lehre zog es Windhösel zu Peter Welauer auf die Burg Windeck, damals eines der wenigen Zwei-Sterne-Häuser in Deutschland. Nach nur wenigen Monaten dort kam aus Erpfingen die wenig erfreuliche Meldung, der Mutter gehe es sehr schlecht. Für den damals 25-Jährigen war es selbstverständlich, an den heimischen Herd zurückzukehren. Zumal einige Jahre zuvor der Vater schon gestorben war. »Für mich war es nie eine Frage, dieses Haus nicht zu übernehmen«, sagt Windhösel. Er sagt dies mit einem ganz vorsichtigen Seitenblick auf seine Frau Silke, deren Eltern damals immerhin auch einen Hotelbetrieb in Hessen ihr eigen nannten.

Aufgehört zu lernen hat Gerd Windhösel aber noch lange nicht, nachdem er in die Heimat zurückgekehrt war. Im Sommer, wenn der »Hirsch« vier Wochen geschlossen war, zog der Jungkoch los, um in namhaften Häusern wie etwa den »Schweizer Stuben« oder der »Ente von Lehel« »sans salaire« zu arbeiten. Ohne Bezahlung, nur um den Horizont zu erweitern.

Vom ersten Tag an musste Gerd Windhösel zu Hause den Spagat probieren – den Spagat zwischen Dorfkneipe und Restaurant mit ambitionierter Küche. Diese Übung beherrscht der Patron des »Hirsch« bis dato aufs Vortrefflichste. Dieser Spagat, dieses nach allen Seiten offen sein, diese sich nicht auf eine einzige Richtung festlegen wollen, wird bis heute praktiziert. Diese Haltung findet sogar in den Räumen des »Hirschen« ihren Niederschlag. Da ist auf der einen Seite das klassische Gourmetrestaurant, festlich eingedeckt und mit Tafelsilber. Und da ist auf der anderen Seite die Dorfstube. Eine Hommage an sein Heimatdorf und an die Leute dort, als Teil derer sich Windhösel immer noch versteht. Selbstredend. Blanke Holztische ohne Damast-Deckchen. Rustikal ohne aufdringlich volkstümlich zu sein. So präsentiert sich auch die Speisekarte: Der Zwiebelrostbraten darf nicht fehlen, die Bauern-Ente auch nicht. Kross die Haut, saftig das Fleisch. Und Windhösel hat auch keine Berührungsängste, den Klassiker eines schwäbischen Vespertisches anzubieten. Den Wurstsalat. Streichholzfein geschnitten, eindeutig,

aber nicht aufdringlich gewürzt. Authentisch eben. Die Perfektion des Aromenspiels reicht auch bis hierhin. Dazu ein frisch gezapftes Bier ebenfalls aus der Region. Gemütlichkeit pur.

Das Spannungsfeld zwischen Verbundenheit zur heimatlichen Scholle und dem Hang zur Internationalität, das macht Windhösel in seinem Gourmetrestaurant zum Programm. Diesen Spagat führt er hier zur Perfektion. »Das Produkt ist der Star«, lautet das Credo von Gerd Windhösel. Seine Küche bezieht sich ganz stark auf das Grundprodukt. Sein Dazutun, seine Kochkunst soll dazu dienen, das Grundprodukt in den Vordergrund zu stellen. Kein Chichi. Oder wie der Schwabe sagt: Bloß koin Schnickschnack.
Natürlich darf in keiner Hochküche Hummer oder Steinbutt fehlen. Windhösels Ziel und sein Ehrgeiz sind es aber, möglichst viele regionale Produkte in seine Gerichte miteinzubeziehen. So kommt es zu solch überraschenden und gleichermaßen wunderbaren Kombinationen wie Hummer mit Gewürz-Schweinebauch vom Albferkel. Gerichte wie diese zeigen, dass Windhösel nicht nur sein Handwerk perfekt beherrscht – jede Komponente ist auf den Punkt gegart. Es zeigt vielmehr auf wohlschmeckende Weise, wie Windhösel die Klaviatur der Aromatik beherrscht und es versteht, kontrastierende Geschmacksnuancen genial zu kombinieren: Beim Skrei mit Meerrettichsauce und Roter Bete ist der Winter-Kabeljau aus dem Eismeer und das Wurzelgemüse »vom Werner aus Genkingen«.

Regionalität wird derzeit großgeschrieben in der Feinschmecker-Szene. Mit diesem Anspruch kocht Gerd Windhösel bereits seit Jahrzehnten. Das Milchlamm vom Alb-Schäfer Stotz, das in vielen Gourmetrestaurants das Müritz-Lamm oder das Atlantik-Salzwiesen-Lamm vom Teller verdrängt hat – im Erpfinger »Hirsch« steht es schon lange auf der Karte. Regionalität ist hier keine Modeerscheinung, sondern Grundprinzip.

Auf allen Gebieten? Als Mineralwasser steht Taunus-Quelle auf dem Tisch. Gerd Windhösel lächelt fast etwas entschuldigend. »Eine Hommage an die Herkunft meiner Frau.« Heimat ist eben nicht nur die Schwäbische Alb.

RESTAURANT HIRSCH
Im Dorf 12
72820 Sonnenbühl
www.restaurant-hotel-hirsch.de

Jetzt geht es hoch auf die Schwäbische Alb. Gerd Windhösel finden wir in Sonnenbühl-Erpfingen. Der Ortsteil ist seit 1978 Luftkurort. Hier wurde 1993 das erste deutsche Osterei-museum eingeweiht. Seit der Entdeckung der Bärenhöhle 1949 ist der Ort ein beliebtes touristisches Ziel. Weitere Infos unter *www.sonnenbuehl.de*.

» ICH MACHE EINEN KNOCHENJOB UND BIN DEN GANZEN TAG AM RENNEN. DAS ZEHRT. AUF DER ANDEREN SEITE MUSS ICH DIE SPEISEN KONTROLLIEREN, KLEINE MENGEN PROBIEREN. DESHALB HALTE ICH MICH BEI MEINEN MAHLZEITEN BEWUSST ZURÜCK. «

» ICH SEHE MICH ALS HANDWERKER, NICHT ALS UNTERHALTER. «

» MAN KANN NUR GUT KOCHEN, WENN MAN DAS TUT,
WAS AUS DEM INNEREN KOMMT. «

RÜCKEN VOM ÄLBLER WEIDELAMM AUF DINKEL-LINSENRISOTTO

Zutaten für 6 Personen

Älbler Weidelamm
1 Rücken vom jungen Älbler Weidelamm

Für die Sauce
1/2 l Lemberger
Etwas Portwein
Pfefferkörner
Piment
Rosmarin und Thymian

Risotto
150 g Alblinsen
200 g Dinkelreis
50 g Gereifter Albkäse, fein gerieben
2 EL Schlagsahne
4 cl Kaltgepresstes Rapsöl
1 EL Frische Butter
4 Bergpfefferkörner
2 Zimtnelken

Für die Kruste
1 TL Feine Schalottenwürfel
1 EL Frische Butter
Fein gehackte Wiesenkräuter wie Pimpinelle, Schafgarbe, Wilder Thymian etc.
1 EL Fein gemahlenes Weißbrot (mie de pain)

ÄLBLER WEIDELAMM

Lammrücken beidseitig am Rückgrat spalten und die Rückenstränge in der Mitte teilen. Von den hinteren Hälften die Rückenstränge frei schneiden. Von den vorderen Hälften (Kotelettstücke) erst die dünne Fett- und Fleischauflage von den Knochen abschneiden und diese dann sauber abschaben. Knochenhaut unbedingt ganz entfernen, da diese sonst beim Braten verbrennt und unansehnlich wird. Mit den Knochen und Abschnitten einen Jus ansetzen. Diese mit einem kräftigen Lemberger, Portwein, wenig Pfefferkörner, Piment und Thymian verfeinern.

DINKEL-LINSENRISOTTO

Alblinsen in leichtem Salzwasser mit Thymianzweig bissfest garen (die feinen Alblinsen brauchen nicht eingeweicht werden).
Für den Dinkelreis 400 ml leicht gesalzenes Wasser genau abmessen. Bergpfefferkörner und Zimtnelken fein mörsern und damit das Wasser aromatisieren. Dinkelreis zugeben und mit Deckel langsam bissfest garen (Restmenge an Kochflüssigkeit soll im Topf verbleiben). Die Linsen unterrühren und das Risotto mit Rapsöl, geriebenem Albkäse, Butter und Schlagsahne fertigstellen und mit fein gemörsertem Bergpfeffer und Zimtnelke abschmecken.

FÜR DIE SAUCE

Fein geschnittene Schalottenwürfel in der frischen Butter angehen lassen. Mie de pain und fein gehackte Wiesenkräuter untermengen und mit Salz, Pfeffer aus der Mühle und wenig Muskat abschmecken.

FÜR DIE KRUSTE

Lammrücken scharf anbraten und auf der Fettseite im Ofen ca. 3–4 Minuten rosa braten. Mit den Wiesenkräutern bei starker Oberhitze überkrusten und auf dem Dinkel-Linsenrisotto anrichten. Das Biogemüse in gefällige Stücke schneiden und mit Butter, Zucker und etwas Gemüsebrühe glasieren und abschmecken.

Bezugsadressen
Lammrücken: Schäferei Stotz, Münsingen
Linsen und Dinkelreis, kalt gepresstes Rapsöl: Bio-Pfister, Burladingen-Ringingen
Biogemüse: Werner-Biolandgemüse, Sonnenbühl
Albkäse: Altschulzenhof, Münzdorf
Wiesenkräuter: Auf unseren umliegenden Albwiesen oder bei Keltenhof Frischsalate in Filderstadt

Dirk Hoberg

DIRK HOBERG OPHELIA

LUFTIGE UND LEICHTE KREATIONEN AM BODENSEE

Die Grenzen zwischen Freizeit und Beruf sind für ihn fließend: »Ich habe ein Hobby, ich liebe kochen und kann mir nichts anderes vorstellen«, bekannte Dirk Hoberg einmal auf die Frage nach Beruf und Berufung. Von zu Hause hat er diese jedenfalls nicht mitbekommen. Seine Mutter kochte nur mit Fertigprodukten, erklärt er lachend. Das Wichtigste für ihn ist allerdings, dass ihm seine Arbeit Spaß macht.

Die Sterne hat sich der energische und ehrgeizige Gourmetkoch in Konstanz erkocht, im Restaurant »Ophelia« im Hotel Riva. Einfach losgekocht habe er mit seinem Team, antwortet er auf die Frage, warum es gleich nach seinem Start am Bodensee mit der Auszeichnung geklappt hat.

Seine Kreationen wirken luftig, leicht und künstlerisch. Auf dem Teller entfaltet sich ein Tableau feinster Zutaten. Bodenseefelchen und Bodenseeaal verarbeitet Hohberg mit Brunnenkresse zu einem Amuse, sozusagen ein regionaler Lustmacher. Als Vorgang zur Gänseleber kommt ein Gänselebereis und ein Kokos-Shot auf den Tisch. Das Nussige der gerösteten Kokosraspeln und des frischen Kokoswassers umspielen den intensiven Geschmack des cremigen Eises. Später wird Taube mit Rote Bete und Sherry kombiniert.

In Hobergs klassisch geprägter Küche entstehen originell kombinierte und gestaltete Gerichte mit modernen Akzenten. Der besondere Reiz liegt bei Hoberg in der feinen Abstufung einzelner Geschmackskomponenten. Äußerst reizvoll ist die Verbindung von Steinpilzen, Himbeere und Mandel. Alles wird ergänzt durch eine Vielfalt edler Weine.

»Kochen ist für mich Liebe«, umschreibt Hoberg seine Leidenschaft. Als »jung und modern« bezeichnet er seine Küche, in die viele Einflüsse eingegangen seien. In Sparten wie früher lasse sich die Kochkunst ohnehin nicht mehr unterteilen, sagt er.

Hoberg sieht sich durchaus selbstbewusst als einer der »neuen Köche«, die die Küche in Deutschland mit ihrer Kreativität auf Spitzenniveau heben. Auf seine Leistung kann der Küchenmeister, der auch schon zum Aufsteiger des Jahres gewählt wurde, durchaus stolz sein. Er erzählt, dass er mit 15 Jahren angefangen habe. Seitdem kenne er nichts anderes, als bis spät in der Nacht zu arbeiten. Er weiß, dass er sich damit viele Bewunderer erworben hat. Er räumt jedoch ein, dass der Freundes- und Bekanntenkreis schrumpft. Trotz dieser enormen Belastung hat er die Freude an seinem Beruf nicht verloren.

Hoberg hat sich von der schweren Küche verabschiedet. Buttersaucen erteilt er eine klare Absage. Ständig informiert er sich bei seinen Lieferanten über aktuelle Produkte. Schließlich lassen sich besondere Gerichte nicht so ohne Weiteres aus dem Ärmel schütteln. Da sitzt der Koch schon mal sonntags im Büro und versucht, neue Gerichte zu zaubern.

Überwältigend ist die schiere Zahl an Petit Fours, die Hoberg dem Gast zur Auswahl präsentiert. Vom Karamell-Lolli über Schokopralinen bis zu Limonen-Puffreis. Alles kleine Kunstwerke, die intensive Geschmackserlebnisse versprechen. Bei Menüs setzt Hoberg gerne einen originellen Schlusspunkt wie den kulinarischen Abschiedgruß in Form von Zuckerwattepapier und Minze, in einem Briefumschlag serviert. Mit seinen ungewöhnlichen Einfällen sorgt der Koch immer wieder für Überraschungen, die die Gäste seiner Gourmetküche schätzen.

Seinen Platz sieht Hoberg im Restaurant, Showauftritte sind nicht seine Sache. In der Küche pflegt er trotz allen Antreibens einen freundlichen Umgangston. Er sieht sich als Teil des Teams, mit dem er auch über neuen Gerichten brütet. So entsteht im »Ophelia« die klassische französische Küche, fantasievoll und modern interpretiert von Küchenchef Hoberg.

Dieser hat seine Ausbildung von 1998 bis 2001 im »Hotel Walhalla« in Osnabrück gemacht. Im Jahr 2002 wechselte er ins Restaurant »La Vie« in Osnabrück. Zwei Jahre später zog es ihn in die Ferne. Er kochte in den kommenden beiden Jahren auf Mallorca. Über Bad Neuenahr und Baiersbronn, wo er in der Schwarzwaldstube bei Spitzenkoch Harald Wohlfahrt am Herd stand, kam er dann 2010 nach Konstanz. Hier erkochte er sich innerhalb von nur zwei Jahren zwei Sterne.

Damit hat Hoberg etwas erreicht, was nur ganz wenigen Köchen gelingt: Nach dem ersten Stern erhielt er den zweiten direkt im Folgejahr. Auch im mit Gourmetköchen gesegneten Baden-Württemberg sind zwei Sterne eine besondere Auszeichnung. Geehrt für die Anerkennung seiner Leistungen fühlt sich Dirk Hoberg. Die Lage des Fünf-Sterne-Superior-Hotels Riva direkt an der Uferpromenade ist sicherlich inspirierend für den Spitzenkoch, zu dessen Küche eine ausgesuchte Tischkultur gehört. »Natürlich will man als Koch immer höher hinaus und dauerhaft kulinarische Highlights setzen«, zeigte sich Hoberg bei der Auszeichnung selbst überrascht vom schnellen Erfolg.

RESTAURANT OPHELIA
IM HOTEL RIVA
Seestraße 25
78464 Konstanz
www.hotel-riva.de

Von der Alb machen wir uns auf in den Süden – zum Bodensee. Dirk Hoberg ist in Konstanz in den Sternehimmel aufgestiegen. In der größten Stadt am Bodensee haben Besucher Gelegenheit zum Flanieren an der herrlichen Seepromenade. Gleich neben dem Hotel ist auch das Casino am See. Weitere Infos unter *www.konstanz-tourismus.de*.

» MAN KANN KOCHEN UND ESSEN NICHT MEHR IN SPARTEN SCHIEBEN WIE FRÜHER. «

» WER NICHT GERNE KOCHT, KANN AUCH NICHT GUT KOCHEN. «

» MEINE KÜCHE SOLL AROMA MIT ÄSTHETIK VERBINDEN. «

HUMMER UND KALBSKOPFPRALINE MIT KRABBENCHIPS

Zutaten für 4 Personen

2 Hummer Europa 400/600
1 Kalbskopfmaske
1 Staudensellerie
4 Radischen
1 Möhre
Zitronensaft
Essig
180 g Milch
50 g Geflügelfond
2,5 g Kappa
2,5 g Algin
Estragon
500 g Garnelen
350 g Tapiokamehl
1 Kalbsbacke
Grundkalbsjus
1 Zwiebel
1 EL Tomatenmark
0,1 l Weißwein (Riesling)
600 ml Sahne
250 g Butter
1 l Krustentierfond
1 Knollensellerie

KALBSKOPFPRALINE

(für etwa 20 Pralinen)

Den Kalbskopf rasieren und etwas zuputzen. In einem Geflügelfond garkochen, vorsichtig herausnehmen und erkalten lassen. Danach mit einem Messer in feine Würfelschneiden, und mit Salz, Pfeffer, Olivenöl, Zitronensaft und Essig abschmecken. Leicht erhitzen und in eine Kugelform füllen. Danach einfrieren. In der Zwischenzeit die Masse für den Estragonmantel herstellen. Dazu Milch und Geflügelfond mit Kappa und Algin zum Kochen bringen und mit gehacktem Estrogon abschmecken. Nun die gefrorene Kalbskopfbälle im 90°C heißen Sud tauchen.

KRABBENCHIP

(für etwa 100 Chips)

Garnelen putzen und kleinschneiden. In einen Paco-Becher geben und einfrieren. 3-mal gefroren pacossieren. Nun das Tapiokamehl hinzugeben und zu einem Teig verarbeiten. Den Teig formen, in Folie schlagen und bei 100 °C dämpfen. Nun einfrieren und gefroren aufschneiden. Bei 220 °C fritieren.

BACKENRAGOUT

Kalbsbacke zuputzen, würzen und anbraten. Nun in einen Vakuumbeutel geben und mit etwas Grundkalbsjus vakuumieren. Die Kalbsbacke bei 69 °C 24 Stunden im Wasserbad garen. Herausnehmen, kleinscheiden, den Jus aus dem Beutel reduzieren, abschmecken und die kleingeschnittene Backe hinzugeben. Mit etwas Estragon abschmecken. In einen Knusperbrotring füllen.

HUMMER

Die Hummer ins kochende Wasser geben, und dieses dann ausstellen. Für 4 Minuten ziehen lassen. Nun die Hummer in Eiswasser abschrecken und ausbrechen. Hummerschwänze halbieren und säubern. Pro Portion eine Schere sowie einen halben Schwanz in etwas Sauce warmziehen.

HUMMERSCHAUM

Die Karkassen im Ofen bei 200°C leicht Farbe nehmen lassen. Zwiebel, etwas Staudensellerie und Champions klein schneiden und in etwas Butter in einem Topf angehen lassen. Nun die gerösteten Karkassen hinzugeben sowie 2 Zitronenfilets und mit einem Löffel Tomatenmark tomatisieren. Mit 0,1 Liter Riesling ablöschen, eine geviertelte Tomate hinzugeben und mit 1 Liter Krustentierfond auffüllen. Um die Hälfte reduzieren und mit 0,5 l Sahne auffüllen. Wieder auf 0,5 l einkochen, anmixen und passieren. Nun abschmecken mit Salz, Cayennepfeffer, Zitronensaft und Weißweinreduktion.

GEMÜSE

Möhren schälen, in Streifen schneiden (1 x 9 cm), blanchieren in Salzwasser, in Butter und Karottensaft glasieren und aufrollen. Staudensellerie schälen und in Stifte schneiden (roh). Aus den Möhrenabschnitten ein Püree kochen und mit etwas Butter glatt rühren, durch ein feines Sieb streichen und mit Zucker und Salz abschmecken. Radischen waschen und sechsteln, Weissweinessig aufkochen, darin die Radischen einlegen. Sellerieknolle schälen, in kleine Würfel schneiden, in Butter angehen lassen. Mit Salz und Pfeffer würzen und auf kleiner Hitze dünsten. Danach im Thermomixer zu einem feinen Püree mixen. Evtl. etwas Sahne hinzugeben, durch ein feines Sieb streichen.

Florian Zumkeller

FLORIAN ZUMKELLER ADLER

JEUNES RESTAURATEURS D'EUROPE
F. Zumkeller
DUELL IN EIS
Meir Shalev
Der Junge und die Taube

ÉTOILE OBLIGE: DER ADLER UND SEIN ABONNEMENT AUF DEN STERN

Es gibt einige Orte, an denen muss man als Baden-Württemberger wenigstens einmal im Leben gewesen sein: im Heidelberger Schloss, am Bodensee, auf dem Stuttgarter Fernsehturm, in einem der Staatstheater, auf dem Kirchturm des Ulmer Münsters, im Casino Baden-Baden oder auf der Burg Hohenzollern.

Dies gilt auch für Feinschmecker, wobei einem Restauranttester nicht widersprochen werden soll, der einmal schrieb: »Der Himmel kann warten, solange wir einen Tisch bei Harald Wohlfahrt bekommen.« Aber neben dem kulinarischen Wallfahrtsort in Baiersbronn gibt es eine Adresse, die Gourmets unbedingt ansteuern müssen: Häusern.

Der kleine Luftkurort an der B 500 südlich des Schluchsees mit nicht einmal 1500 Einwohnern beherbergt eine kulinarische Einmaligkeit: Den »Adler.« Das dortige Restaurant der Familie Zumkeller ist das Einzige in Deutschland, das seit dem erstmaligen Erscheinen der deutschen Ausgabe des Guide Michelin 1966 ununterbrochen einen Stern besitzt.

Mehr noch: Die begehrte Auszeichnung wurde bei den Zumkellers quasi mit dem Generationenwechsel weiter gereicht: Zuerst erkochte Großvater Erich den Stern, dann hielt ihn jahrelang Vater Winfried und jüngst sicherte Sohn Florian (Jahrgang 1979), der nun in sechster Generation das Familienunternehmen leitet, den 48. Michelin-Stern nacheinander – deutscher Rekord!

Wie viele junge und erfolgreiche Köche begab sich auch Florian Zumkeller zunächst auf Wanderschaft: Er ging bei Sternekoch Alfred Klink in die Lehre, besuchte die Hotelfachschule in Luzern, assistierte den Starköchen Philippe Chevrier im »Domaine de Châteauvieux« und Adolfo Blokbergen in der »L'Auberge du Raisin«. Er arbeitete in der Schweiz und in England und in der »Sonnenalp« in Ofterschwang.

2006 kam er nach Südbaden zurück, wo eine große Schweizer Kundenschar die gute internationale und regionale Küche in Häusern schätzt, und übernahm zunächst die Leitung im Restaurant »Chämi-Hüsle«. Mitten in diesem »Kamin-Häuschen«, das der Großvater schon 1984 nur 300 Meter vom Haupthaus errichtete, knistert das Feuer in einem offenen Kamin.

In der gemütlichen Atmosphäre lieben nicht nur viele Stammgäste, sondern auch Wanderer, Motorradfahrer und Biker die regionalen Schmankerln wie Maultaschen mit Zwiebelschmelze und Salat oder Schwarzwälder Schäufele mit Sauerkraut und Kartoffelbrei. Absolute Renner aber sind das Cordon bleu mit Pommes und als Dessert die Schwarzwälder Kirschtorte.

Im Hotel und Restaurant hat Sternekoch Zumkeller III. (»Ich bin als Koch zum Hotelier geworden«) bisher den Spagat zwischen Tradition und Moderne glänzend geschafft. »Wir wollen Wellnesshotel mit Gourmetküche sein«, lautete sein Motto nach der Übernahme des Betriebs. Damit änderte er die Ausrichtung, denn Opa und Vater hatten den »Adler« als »Gourmetrestaurant mit zufällig noch einem Hotel« verstanden.

Florian Zumkeller veranstaltete zwar keine Revolution, aber um mehr die jüngeren Generationen anzusprechen, musste der »Adler« einfach neue Routen anpeilen: So gewannen auch im tiefen Südschwarzwald die relaunchte Homepage und das Internetmarketing mehr Bedeutung. Denn der ambitionierte Gastgeber weiß: »Ein Hotel erfolgreich zu führen heißt, mehr Belegung zu bekommen.«

Mit seinem kreativen und jungen Team will der engagierte Familienvater aber auch auf jeden Fall den Stern verteidigen. Dazu soll den Besuchern im »Adler« stets aufs Neue ein »einmaliges kulinarisches Erlebnis« geboten worden. Zumkeller geht mit der Zeit und richtete einen Chef's Table ein, an dem die Gäste jeden Handgriff der Köche bei der Zubereitung des Menüs hautnah verfolgen können. Außerdem gewährt der Chef jeden Mittwoch beim Aperitif mit Häppchen einen Blick in die Sterneküche, in der inzwischen sein »tolles Küchenteam um Matthias Baumann« für die Gaumenfreuden sorgt. Für ihn sind die Management-Herausforderungen jetzt wesentlich größer als das Kochen, doch während des Service steht Florian Zumkeller weiterhin in der Küche.

Auf der Karte im »Adler« finden sich Jakobsmuscheln, Loup de Mer und Steinbutt einträchtig neben Rehrücken, Rinderfilet, Gänseleber und Lamm. Auch die Gerichte vom Kalb gehören im »Adler« zur Tradition – zwar nicht mehr als Filet Wellington wie 1967 oder Kalbskopf in Rieslingbutter (1987), sondern heute als Filet, Bäckle oder Kalbshochrückensteak. Im Frühjahr 2014 wurde das Konzept auf drei Menüs – ein kreatives saisonales, ein regionales (Kalbskopf, Kutteln etc.) und ein vegetarisches – sowie eine kleine Klassiker-Karte umgestellt. Zudem kann der Gast alle Menü-Gerichte auch einzeln bestellen.

Häusern und Zumkellers »Adler« bleiben eben weiterhin eine Reise wert.

RESTAURANT ADLER
St.-Fridolin-Straße 15
79837 Häusern
www.adler-schwarzwald.de

Vom Bodensee führt die Route direkt in den Hochschwarzwald nach Häusern zu Florian Zumkeller. Die Gemeinde an der Schwarzwaldhochstraße hat Rundwanderwege angelegt, die herrliche Ausblicke bieten. Häusern trägt mit seiner heilkräftigen Luft zu Erholung und Entspannung bei. Weitere Infos unter *www.schwarzwald-gemeinde.de.*

» FÜR NEUE GÄSTE IST DER MICHELIN-STERN SICHERLICH EIN ANZIEHUNGSPUNKT. «

EIN ZWEITER STERN BRINGT MICH WIRTSCHAFTLICH NICHT WEITER.
DA DARF MAN DANN NICHTS ANDERES MEHR MACHEN ALS KOCHEN.

» WEGEN EINEM STERN KOMMT KEIN KÖCHE-NACHWUCHS IN DIE PAMPA. DIE JUNGEN LEUTE WOLLEN NACH DER ARBEIT NATÜRLICH NOCH AUSGEHEN, DAS GEHT BEI UNS IN HÄUSERN JA GAR NICHT. «

» FÜR JEDEN KOCH IST ES DAS GRÖSSTE, VOR DER KÜCHE EINEN EIGENEN KRÄUTERGARTEN ZU HABEN. SCHMACKHAFTER UND FRISCHER GEHT ES NICHT! «

KALBSMEDAILLONS UND KALBSBRIES MIT SCHUPFNUDELN UND GEMÜSE

Zutaten für 6 Personen

Schupfnudeln

- 500 g *Gepresste Kartoffeln*
- 250 g *Mehl*
- 2 *Eigelb*
- *Salz, Pfeffer, Muskat*

Kalbsbries

- 1 *Kalbsbries à 300 g*
- 1/2 *Zwiebel*
- 1 *Lorbeerblatt*
- *Pfefferkörner, Petersilie und Thymianzweige*

Kalbsjus

- 1 kg *Möglichst kleine Kalbsknochen*
- 250 g *Grob geschnitten Karotte, Sellerie, Zwiebeln und Lauch*
- 500 ml *Trockener Rotwein*
- 1 EL *Tomatenmark*
- 1 *Lorbeerblatt*
- 1 *Zweig Rosmarin und Thymian*
- *Pfeffer aus der Mühle*
- *Meersalz*
- *Kalte Butter zum Montieren*

Kalbsmedaillon

Kalbsmedaillons (entsprechend der Personenzahl)

Butterschmalz

Salz und Pfeffer aus der Pfeffermühle

Gemüse

Gemüse nach Saison (entsprechend der Personenzahl)

SCHUPFNUDELN

Alle Zutaten miteinander vermengen und zu Schupfnudeln formen. Die Schupfnudeln in kochendes Wasser geben und einmal aufstoßen lassen, dann 2 Minuten ziehen lassen und in kaltem Wasser abschrecken.

KALBSBRIES

Das Bries solange waschen, bis kein Blut mehr austritt. In kaltem Wasser ansetzen. Einmal aufkochen lassen, dann abseihen. Ein weiteres Mal kalt ansetzen und mit einer halben Zwiebel, Lorbeerblatt, Pfefferkörner, Petersilie und Thymianzweig zum Kochen bringen. Anschließend 20 Minuten im Wasser ziehen lassen. Im kalten Wasser abschrecken und auskühlen lassen. Die Haut abziehen und in kleine Stücke zupfen.
Die Kalbsbriesstücke mit Salz und Pfeffer würzen, leicht mehlieren und in einer Pfanne goldbraun anbraten.

KALBSJUS

Für den Kalbsjus die Abschnitte und kleinen Kalbsknochen in Butterschmalz kräftig anbraten, grob gewürfeltes Gemüse dazugeben. Wenn alles eine schöne Farbe genommen hat, etwas Tomatenmark einrühren und kurz anrösten und mit einem Schluck Rotwein ablöschen. Vorgang 3–4 Mal wiederholen, bis der Rotwein weg ist. Den Rinderfond und die Kräuter und Gewürze zugeben und langsam einkochen. Je länger, je besser. Anschließend durch ein feines Sieb passieren, abschmecken und vor dem Anrichten mit eiskalter Butter aufmontieren.

KALBSMEDAILLON

Die Kalbsmedaillons mit Salz und Pfeffer aus der Mühle würzen und in Butterschmalz in der Pfanne scharf anbraten. Anschießend bei 120°C in den Backofen geben, bis die gewünschte Garstufe erreicht ist. Fleisch mindestens 5 Minuten ruhen lassen, dann nochmals ganz kurz in Butter nachbraten.

GEMÜSE

Je nach Saison Gemüse aussuchen, putzen und zuschneiden (Schwarzwurzel, Karotten, Blumenkohl, Rosenkohl, Petersilienwuzel, Zuckerschoten usw.). Gemüse im Wasserbad vorblanchieren bis der gewünschte Biss erreicht ist. Beim Anrichten mit einem Schluck Brühe und Butter in einer Sauteuse erhitzen und mit Salz und Pfeffer abschmecken.

Alfred Klink

ALFRED KLINK ZIRBELSTUBE

Klink

DIE KUNST DER EINFACHHEIT

Tradition und Kontinuität werden hier hochgehalten. Die Gourmetrestaurants »Zirbel- und Falkenstube« im Hotel Colombi in Freiburg werden Jahr für Jahr mit einem Stern ausgezeichnet. Für die Qualität steht Küchenchef Alfred Klink, der hier seit Jahrzehnten Kochkunst auf höchstem Niveau bietet. Ausgangspunkt für ihn ist die klassische französische Küche. Auf dieser soliden Basis hat er seinen eigenen »modernen mediterranen Kochstil« entwickelt. Fisch und Meeresfrüchte spielen dabei eine zentrale Rolle. Das gibt seiner Küche eine leichte Note.

Diese Leichtigkeit kommt auch beim Kochen zum Ausdruck. Klink ist Routinier. Wenn er sich mit seinem Team an die Arbeit macht, merkt man, dass jeder Handgriff sitzt. Trotzdem ist nichts von Eintönigkeit und Langeweile zu spüren. Der rührige Küchenchef sorgt nämlich täglich für Abwechslung und Spannung. Er sieht sich selbst als »Koch, der nicht alles aufschreibt, sondern jeden Tag aufs Neue gefordert sein will«. Klink ist Vollblutkoch, für den »Kochen eine Kunst« ist, die in der Einfachheit und Klarheit ihre Perfektion erreicht.

Mit dieser Klarheit in der Küche hat Alfred Klink das Colombi Hotel zu einem der bekanntesten Häuser im Schwarzwald gemacht. Obwohl der Gourmetkoch schon seit 1981 in Freiburg Küchenchef ist, hat er nichts von seiner Begeisterung verloren. Seine dynamische Art ist inspirierend. Kein Wunder, dass er selbst schon eine ganze Reihe von Spitzenköchen ausgebildet hat.

Klink ist sich mit seiner klaren und soliden Linie immer treu geblieben. Zu den Grundvoraussetzungen zählen für ihn hochwertige Produkte, regionale Orientierung und die enge Verbindung zu heimischen Erzeugern. In seinen Gerichten entwickelt er aus klassischen Zutaten phantasievolle Kreationen, die durch ihre Leichtigkeit und ihre charaktervollen Aromen überzeugen.

Ein deutscher Klassiker wie Kalbsleber, Röstzwiebele und Kartöffele kommt bei Klink luftig-leicht auf den Teller. Alles Schwere ist wie weggefegt. Dazu trägt nicht zuletzt die hohe Qualität der Saucen bei, auf die Klink besonders großen Wert legt. »Da stecken wir viel Arbeit und Geld rein«, erklärt er. Ständig entwickelt er neue Kompositionen. Ein Beispiel: Kalbsbries und Gänseleber mit gefüllten Morcheln und Artischockenvinaigrette.

Klinks Kreativität ist ungebrochen. Die Zutaten kombiniert er mit sicherer Hand. Dabei bleibt der Chef immer entspannt. Doch dahinter stecken hohe Konzentration und enorme Energie. Schließlich gibt es für den Koch sieben Arbeitstage in der Woche. Kein Wunder, dass der 1952 im baden-württembergischen Calw geborene Alfred Klink Ehrgeiz, Pünktlichkeit und Disziplin zu seinen Qualitäten zählt. »Das Niveau über lange Zeit zu halten, ist schwerer, als einmal die Spitze zu erklimmen«, erläutert er. Begonnen hat er seine Karriere in der Küche seiner Tante, die ein kleines Hotel im Schwäbischen besaß und eine hervorragende Köchin war. Bodenständige Küche war dort angesagt. Deshalb schätzt Klink bis heute traditionelle Gerichte wie Linsen und Spätzle.

Über mehrere Stationen kam er nach Freiburg. In Freudenstadt absolvierte er eine Kochlehre, für Klink eine »knüppelharte Schule«, in der er die für den Job unerlässliche Disziplin lernte. Dann ging er in die Schweiz, von wo er direkt in die deutsche Spitzengastronomie zurückkehrte: ins »Hotel Erbprinz« in Ettlingen. Von dort war es nicht weit ins »Colombi« in Freiburg. Doch als er da anfing, standen die Bagger noch in der Küche. Das hat sich längst geändert: Die Baustelle ist einem gepflegten Ambiente gewichen.

Seit Jahrzehnten empfängt der Gourmetkoch illustre Gäste. Vom österreichischen Schauspieler, Sänger und Entertainer Peter Alexander über Fußballkaiser Franz Beckenbauer bis zu Showstars und Politikern. Gut erinnern kann er sich an den früheren französischen Staatspräsidenten Jacques Chirac. Der hat ihn von seinem Leibwächter aus der Küche holen lassen. Klink sollte nämlich dem Staatsgast, wie es in Frankreich üblich ist, vor dem Essen seine Aufwartung machen.

Alfred Klink ist inzwischen zu einer Kochlegende geworden. Er hat in Freiburg für den guten Ruf der feinen Küche gesorgt. Und er räumt ein, dass er nicht nur seine Arbeit am Herd im Hotel liebt, sondern auch diese Stadt. Er hat sich hier etwas aufgebaut, das Bestand hat unter der Devise Einfachheit und Perfektion.

Geschmackvoll und liebevoll ausgestattet ist das Gourmetrestaurant Zirbelstube. An Wänden und Decken herrscht helles Zirbelholz vor und gibt dem Raum ein eigenes und ansprechendes Flair. Mobiliar und Vertäfelung in der Falkenstube sind wiederum aus einer alten Freiburger Weinstube und strahlen eine ansprechende Behaglichkeit aus. Mit hellem Fichtenholz ausgestaltet ist die Hans-Thoma-Stube. Für alle drei ist Alfred Klink als Küchenchef verantwortlich. Hier verwöhnt er seine Gäste mit Kreationen aus seiner Sterneküche. Exquisite Küche und vollendete Tischkultur verbinden sich hier auf besonders angenehme Art.

RESTAURANT ZIRBELSTUBE
IM COLOMBI HOTEL
Rotteckring 16
79098 Freiburg
www.colombi.de

Am Fuße des Schwarzwalds liegt Freiburg im Südwesten Baden-Württembergs. In der Grenzregion zu Frankreich und der Schweiz hat Alfred Klink seine traditionsreiche Sterneküche etabliert. Im Zentrum der Altstadt ist das mächtige Münster. Viele schöne Plätze in der idyllischen Stadt sind einen Besuch wert. Weitere Infos unter *www.freiburg.de.*

» JEDER TELLER HAT EINEN AROMA-STAR UND NUR DIESEM EINEN GESCHMACK MÜSSEN ALLE ZUTATEN ZUARBEITEN. «

» WIR KÖCHE SIND HANDWERKER, VON MIR AUS KÜNSTLERISCHE HANDWERKER. UND HOCHLEISTUNGSSPORTLER. «

BRETONISCHE LANGUSTINEN MIT ZWEIERLEI FENCHEL, ZITRUSGELEE, CURRY-KOKOSSCHAUM UND GUACAMOLE

Zutaten für 4 Personen

Langustinen

12 Langustinenschwänze
Zitronenthymian
Limonensaft
Olivenöl
Currysalz

Fenchelpüree

120 g Fenchel
Etwas Fischfond
Crème fraîche
Weißwein
Cayennepfeffer
Salz

Fenchelvinaigrette

80 g Fenchelblätter
Orangen- und Limonenabrieb
Limonensaft
Rapsöl
Oliven
Butter

Curry-Kokosschaum-Zubereitung

1 Fein gewürfelte Schalotte
20 g Butter
2 EL Olivenöl
2 Zitronengrasstangen
1 Limettenblatt
1/4 Banane
1/4 Apfel
Einige frische Ananaswürfel
1/2 EL Currypulver
60 ml Nolly Prat
20 ml Weißer Portwein
100 ml Weißwein
200 ml Geflügelfond
Koriander, Pfefferkörner
Kardamom
100 ml Sahne
200 ml Kokosmilch
1 Msp. Ingwerpaste
1 Msp. Currypaste
Salz, Currypulver

LANGUSTINEN

Langustinenschwänze ausbrechen, Därme entfernen, mit Currysalz würzen und in Olivenöl mit Zitronenthymian anbraten.

FENCHELPÜREE

Den Fenchel mit etwas Weißwein und Fischfond im geschlossenen Vakuumbeutel im Kombidämpfer garen. Dann durch ein feines Sieb streichen, abschmecken und 1 Esslöffel Crème fraîche unterrühren.

FENCHELVINAIGRETTE

Aus den Fenchelblättern die Fäden herausziehen und in kleine Rauten schneiden. Kurz in Salzwasser blanchieren und mit wenig Rapsöl und Butter glasig anziehen. Mit Zitrusfrüchten, Salz und Pfeffer aus der Pfeffermühle abschmecken.

CURRY-KOKOSSCHAUM-ZUBEREITUNG

Die Schalotte, Apfel, Ananas, Banane in Butter und Olivenöl leicht anziehen, mit Currypulver bestäuben und mit Nolly Prat, weißem Port und Weißwein ablöschen und mit Geflügelfond auffüllen. Kurze Zeit kochen lassen, dann Zitronengras, Limettenblatt und die Gewürze beigeben. Mit der Sahne und der Kokosmilch auffüllen. Ingwer- und Currypaste dazugeben, kurze Zeit köcheln lassen. Passieren, nochmals aufkochen und abschmecken.

BEILAGEN

Guacamole, Zitrusgelee

ANRICHTEN

Das Fenchelpüree auf die Teller streichen, das in Würfel geschnittene Zitrusgelee dazwischen platzieren. Die kross gebratenen Langustinen auf das Püree setzen und mit der Fenchelvinaigrette sowie dem aufgemixten Curryschaum abschließen.

Anibal Strubinger

ANIBAL STRUBINGER

SCHWARZER ADLER

FRANZ KELLER
Schwarzer Adler
WEINE • RESTAURANTS • HOTEL
A. Strubinger

AUS DEN WURZELN IN VENEZUELA KAMEN DIE BLÜTEN AM KAISERSTUHL

Die besten Geschichten schreibt immer noch das Leben. Wie bei Anibal Strubinger, dem Küchenchef im »Schwarzen Adler« in Vogtsburg-Oberbergen. Seine Vorfahren lebten im 19. Jahrhundert in Südbaden und wanderten dann nach Venezuela aus. Dort würde Strubinger (Jahrgang 1955) wohl heute noch leben, hätte er in den 1970er-Jahren nicht eher zufällig den Unternehmer Franz Vollherbst aus Endingen am Kaiserstuhl getroffen, der im Norden Südamerikas selbst nach eigenen Vorfahren suchte. Bei seinem Besuch in der Kaiserstühler Kolonie Colonia Tovar in Venezuela lernte der Druckerei-Besitzer den jungen Anibal kennen und vermittelte dem Tovarer eine Lehrstelle als Koch bei Franz Keller im »Schwarzen Adler«.

»Herr Vollherbst fragte mich damals, ob ich nicht nach Deutschland kommen und dort eine Lehre machen möchte«, erinnert sich Anibal Strubinger. Die Sprache in der Colonia sei dem südbadischen Dialekt sehr ähnlich, deshalb gab es nur wenige Schwierigkeiten bei der Verständigung. Allerdings war das Leben in Deutschland für Anibal nach seiner Ankunft am 16. September 1974 zunächst nicht einfach. »Ich wollte lieber wieder zurück«, schildert er die Mischung aus Heimweh und Zweifel, die sich immer wieder bei ihm breitmachte. Tatsächlich kehrte Strubinger nach der Lehre nach Venezuela zurück – mit der Zusicherung von Franz Keller im Gepäck, jederzeit wieder nach Vogtsburg-Oberbergen zurückkehren zu dürfen. Und siehe da: »Plötzlich hatte ich in Venezuela Heimweh nach Deutschland«, sagt Strubinger zur Rückkehr von der Rückkehr.

Seitdem ist er aus der Erfolgsgeschichte der Gastronomen- und Winzer-Familie Keller nicht mehr wegzudenken. Nach Irma Keller – die Frau von Franz Keller sen. hatte schon 1969 den Michelin-Stern erkocht – und mit dem Elsässer Christian Begyn hat Anibal Strubinger seit Ende 1994 das Sagen in der Sterneküche im »Schwarzen Adler«. Während Strubinger »einer der ganz großen Klassik-Spezialisten des Landes ist«, sorge Sous-Chef Rosse für die »mit viel Gefühl für kulinarische Zusammenhänge ausbalancierten zeitgenössischeren Elemente«, lobt der einflussreiche Gastronomiekritiker Jürgen Dollase.

Bei Strubinger und Rosse feiern die badische und die französische Küche ein köstliches Rendezvous. Im »Schwarzen Adler« ist das nahe Elsass genauso präsent wie die zu Recht viel gerühmte badische Kochkunst. »Beides auf höchstem Niveau zu verbinden, bestimmt den ganz eigenen kulinarischen Charakter des Hauses«, erklärt Patron Fritz Keller, der in dritter Generation das Traditionshaus führt. Ergänzt durch die von Sommelière Melanie Wagner kredenzten Weine aus dem schier unbegrenzt scheinenden Fundus von Patron Fritz Keller, der nicht nur in der kulinarischen Gourmetspitzenklasse, sondern auch noch im Fußball als Präsident des Bundesligisten SC Freiburg in der Eliteklasse mitspielt.

Kellers Liebe zu Reben und Trauben, die er schon als kleiner Junge während der gemeinsamen Arbeit mit der Oma (»Manchmal durfte ich an ihrer Schorle nippen«) im

Weinberg entdeckte, kommt auch Strubinger und seinen Gästen zu Gute – nicht nur wegen der 2500 Positionen auf der Weinkarte und den sechsstelligen Flaschen in der futuristischen Kellerei (»Ein Projekt für Wahnsinnige«). »Wenn ich Wein mache, dann überlege ich mir direkt, welches Essen am besten dazu passt. Wir machen unseren Wein nicht für Hitparaden, sondern für das perfekte Essen«, erklärt der Patron und Weinbauer.

Wie Fritz Keller im Weinbau hat sich Strubinger die Kernstücke seiner Kochkunst selbst angeeignet. Bis auf den Aufenthalt bei Großmeister Paul Bocuse in Lyon kann er auf keine Stationen bei herausragenden Küchenchefs verweisen. »Ich koche einfach das, was die Menschen hier erwarten«, lautet seine einfache wie schwierige Philosophie. Ganz am Anfang machte ihm dies noch zu schaffen. »In Venezuela, wo ich mir schon früher mein Taschengeld im Hotel verdient hatte, kochten wir ziemlich scharf und mit Gewürzen wie Koriander. Das mögen die Menschen hierzulande gar nicht«, sagt er im Rückblick.

Doch Strubinger lernte schnell und gut. Er ist ein großer Befürworter der klassischen Varianten beim Fleisch, verschließt sich jedoch nicht modernen Komponenten bei den Vorspeisen oder bei Fisch und Gemüse. »Ich bin aber kein Freund von Mixturen, zu vielen Kombinationen oder ›verrückten Sachen‹ wie die Molekularküche.« Dafür lässt er sich gerne auch als Traditionalist betiteln – ein zeitgemäßer und kein altvorderer. Nicht der Zeitgeist bestimmt sein Wirken, sondern die Qualität und die Kochkunst. Hin und wieder bezieht er seine Inspiration sogar aus älteren Kochbüchern.

Baumrinde oder zu Eiskugeln entartetes Wild würde Anibal Strubinger nie seinen Gästen servieren. Leitlinie für sein Schaffen sind die französischen Drei-Sterne-Köche Haeberlin, Troisgros, Ducasse oder Gagnaire, aber auch der Stuttgarter Vincent Klink,

den er ob seiner Normalität und Klarheit bewundert. Strubinger schwört auf die exzellenten Produkte der westlichen Nachbarn im Elsass, ergänzt durch die hervorragenden Produkte der Region Südbaden, die seit Langem von naturverbundenen heimischen Erzeugern bezogen werden. »Gerichte dürfen nicht nur schön zum Anschauen sein. Es geht mir nie um irgendeine Show, sondern immer um den Geschmack«, beschreibt Strubinger seinen Drang nach unverfälschtem Genuss. Er habe »Achtung« vor den Produkten.

Auf seiner Karte finden sich Klassiker wie Steinbutt mit Beurre blanc, Taube oder Filet Rossini mit Trüffelsauce. Apropos Sauce – Strubinger ist regelrecht vernarrt in diese, er koche sie »wahnsinnig gern«. Eine weitere selten gewordene Spezialität sind bei dem Sternekoch auch große Stücke, die am Tisch tranchiert werden – wie Ganze Ente, Poularde oder Hochrippe. Drei bis vier Mal im Jahr schreibt er die à la carte-Speisekarte neu, täglich bietet er den bisweilen 60 bis 80 Gästen auch ein wechselndes Feinschmeckermenü mit sieben Gängen an, aus dem nach Belieben auch einzelnen Positionen gewählt werden können.

Laut geht es bei Anibal Strubinger selten zu. »Ich bin kein lauter Mensch«, sagt der im Sternzeichen des Löwen geborene Koch. Seine Frau Dominique, eine Elsässerin, die Küchenchefin im benachbarten Winzerhaus Rebstock ist, meine oft »Du musst auch mal brüllen!«, aber dies liege ihm überhaupt nicht. Wenn mal etwas schief gehe, spreche er mit seinen zwölf Köchen darüber »lieber mit ein bisschen Abstand und nicht im Stress«.

RESTAURANT SCHWARZER ADLER
Badbergstraße 23
79235 Vogtsburg im Kaiserstuhl
www.franz-keller.de

Im Herzen des nördlich von Freiburg gelegenen Kaiserstuhls finden wir Anibal Strubinger – in Vogtsburg im Kaiserstuhl. Auf den Überresten eines großen Vulkans gelegen ist Vogtsburg die größte Weinbaugemeinde Baden-Württembergs. Sie präsentiert sich als Wein- und Genießerparadies mit sieben malerischen Teilorten. Weitere Infos unter *www.vogtsburg.de*.

» EIN GAST, DER NUR EINEN SALAT ISST, SOLL GENAU SO ZUFRIEDEN SEIN WIE DER, DER EIN MENÜ BESTELLT. «

Oberbergen

GRAND VIN
1937

Ceviche vom Kabeljau mit Mais, Paprika, Violetten Zwiebeln und Crostini
€ 28,-
Pochierte Taubenbrust mit roh marinierter Entenleber und Salat von Beluga Linsen
Poitrine de pigeon pochée, Foie gras de Canard cru mariné et salade de lentilles Beluga
€ 29,-
Glacierte Bachkrebse mit Wildkräutersalat aus Freiamt und Sojabohnenkernen
Écrevisses glacées, Salade d'herbes sauvages de Freiamt et haricots de Soja
€ 38,-
Warme Vorspeisen

FRANZ
KELLER
Schwarzer Adler
WEINE • RESTAURANTS • HOTEL
A. Strubinger

»MITTLERWEILE HOLE ICH MIR MEINE INSPIRATION WIEDER EHER AUS DEN ALTEN KOCHBÜCHERN.«

TAUBENBRUST GEBRATEN MIT GÄNSELEBER UND MADAGASKARPFEFFER-SAUCE

Zutaten für 4 Personen

4	*Tauben (groß, ca. 500 g)*
4 Scheiben	*frische Gänseleber à 60 g*
1/4 l	*Madeira*
1/4 l	*Portwein*
1 l	*Rotwein (dunkel)*
1 l	*Geflügelbrühe*
1/2 Löffel	*Madagaskarpfeffer (oder anderer guter Pfeffer)*
3	*Lorbeerblätter*
3	*Nelken*
2	*Wacholderbeeren*
1 EL	*Tomatenmark*
1	*Karotte*
1/2	*Sellerie*
2	*Knoblauchzehen*
2	*Zwiebeln*
1 Kleine	*Lauchstange*
1 Kleines	*Thymian -und Rosmarinsträußchen*
	Salz und Pfeffer
1/8 l	*Weinbrand*
2 Kleine	*Schalotten*
2 EL	*Mehl*
	Traubenkernöl zum Braten

ZUBEREITEN

Die Federn von den Tauben entfernen und mit einem Bunsenbrenner die Reste von Flaum und Federn absengen. Den Kopf der Taube abschneiden. Hals, Flügel und Keule abtrennen und in einem Topf scharf anbraten. Das kleingeschnittene Gemüse dazugeben, kurz anbraten, danach Tomatenmark und 2 EL Mehl hinzugeben und anrösten. Mit Rotwein ablöschen und mit Brühe auffüllen, ca. 1/2 Std. köcheln lassen; eine Prise Salz dazugeben; danach durch ein Sieb passieren.
In einem separaten Topf mit Deckel Öl erhitzen, Pfeffer dazugeben und platzen lassen. Die geschnittenen Schalotten dazugeben und mit Portwein, Madeira und Weinbrand ablöschen und bis auf die Hälfte einkochen. Die passierte Taubensauce dazugeben und ca. 20 Minuten köcheln lassen. Passieren, mit Salz abschmecken und zur Taube servieren. Die Taubenbrüste an der Karkasse mit Salz und Pfeffer würzen und in einer Pfanne mit Öl anbraten. Danach für ca. 10 Minuten bei 160 °C in den vorgeheizten Ofen, anschließend herausnehmen und warm stellen. Vor dem Anrichten die Pfanne mit Butter erhitzen. Die Taube von der Karkasse mit einem Messer lösen und die Haut abziehen, in der Pfanne mit der heißen Butter kurz ziehen lassen und anschließend anrichten.
Die Gänseleberscheiben mit Salz und Pfeffer würzen, leicht mehlieren, und auf jeder Seite in heißem Öl ca. 2 Minuten braten.

ANRICHTEN

Als Beilage empfiehlt sich Rahmpolenta, Kartoffeln oder Nudeln mit saisonalem Gemüse und als Weinempfehlung vom Weingut Franz Keller »Schwarzer Adler« einen Spätburgunder A im Barrique ausgebaut.

2010
A
SPÄTBURGUNDER

Peter Hagen

PETER HAGEN AMMOLITE

ammolite
Peter

DER LEISE STERNEKOCH IM LAUTEN FREIZEITPARK

Frische, Qualität, Leichtigkeit und Finesse – das sind die Kriterien für die Küche von Peter Hagen. Sein Restaurant »Ammolite« hat ein weltweites Alleinstellungsmerkmal: Es steht neben Achterbahnen und Karussells in einem lebhaften Vergnügungsareal und ist das erste Sternerestaurant, das in einem Freizeitpark beheimatet ist, im Europa-Park in Rust.

Von dem eleganten Lighthouse-Lokal im »Bell Rock Hotel« ist selbst der renommierte Gastro-Experte Wolfram Siebeck hellauf begeistert. Die »graue Eminenz« unter den Essenskritikern lobte nach einem seiner Besuche: »Das Raffinement bei der Konstruktion der Gerichte, ihre genaue, alle Extreme meidende Würzung, die verblüffende Eleganz des Ambientes und der perfekte Service machen ein Essen hier zu einem Erlebnis, das die Begriffe Genuss und Luxus mühelos miteinander verbindet.« Dabei schrecke die Küche nicht vor Verfremdungen zurück, welche, dem gastronomischen Zeitgeist entsprechend, verspielt genannt werden können. Aber nichts wirke gewollt kreativ. »Zusätzliche Freude macht die Vorstellung, wie viel mehr man in einem anderen Spitzenrestaurant für die gleiche Leistung zahlen müsste«, urteilte Siebeck mit Blick auf seinen Geldbeutel.

Im Erdgeschoss des 35 Meter hohen Leuchtturms, der das Hotel flankiert, hat Peter Hagen (Jahrgang 1977) ein kulinarisches Feuer entfacht. Gut sichtbar für die bis zu 36 Gäste, die dort Platz finden. Denn wie auf einer Showbühne steht mitten im Restaurant die Küche, in der der gebürtige Bregenzer und seine vier Köche zaubern. »Kochen ist mein Leben«, erklärt der Österreicher. »Ich kann mich jeden Tag mit jedem Teller selbst verwirklichen.« Von seinen vielen internationalen Stationen, bei Küchenpapst Harald Wohlfahrt in Tonbach, in der »Villa Joya« an der Algarve in Portugal bei Dieter Koschina und im Restaurant »Cheval Blanc« des Hotels Les Trois Rois in Basel bei Peter Knodel, nahm er zahlreiche Inspirationen mit. Wohlfahrts »Disziplin« etwa; oder »am prägendsten« die Schule von Koschina. Gleichzeitig erarbeitete er sich aber seine eigene Handschrift, bei der er Traditionelles und Neues auf seine feinsinnige Art zusammenfügte.

»Die Selbstverwirklichung der Küche darf nicht im Mittelpunkt stehen. Ich will Küche nachvollziehbar machen«, lautet sein Credo. Deswegen verschließt er sich weder den Blicken seiner Gäste durch die offene Küche, noch speziellen Techniken bei der Zubereitung seiner Gerichte. Sein wichtigstes Ziel ist: »Es muss dem Gast gut schmecken. Und mir ist dabei auch wichtig, jedem Produkt seinen Geschmack zu lassen.« Deshalb verschmäht Peter Hagen auch keinesfalls Hausmannskost; die einfachen Gerichte seiner Mama seien immer noch präsent.

Dennoch ist der Stil des jungen Küchenchefs geprägt von der klassischen französisch-mediterranen Küche, die er dezent auch mit Elementen der Molekularküche (»gern als Effekt«) ergänzt. »Wir kochen international, wollen aber auch immer den Bezug zur

Region behalten«, sagt der Küchenchef. Als Beispiel nennt er Fische, Saibling aus den südbadischen Bächen mit Gurkensalat oder Forellen mit Rote Bete und Meerrettich. Auch Saucen spielen bei Peter Hagen eine wichtige Rolle: »Sie entfalten raffinierte Aromen- und Gewürzkombinationen am Gaumen.«

Solche Genusstiraden für Nase und Gaumen korrespondieren im »Ammolite« sehr gut mit dem Interieur, das eine Augenweide ist. Wer das Feinschmeckerrestaurant betritt, lässt die laute Jahrmarktatmosphäre vor der Tür und fühlt sich fast wie in einer anderen Welt. »Wir wollten bewusst einen Bruch zur direkten Umgebung des Freizeitparks. Die Gäste sollen hier zur Ruhe kommen, um das Fine-Dining zu genießen«, erklärt Hotel-Designer Claudio Carbone sein Motiv für die Gestaltung der Räume. Die Lichteffekte im Zusammenspiel mit den Farben Braun, Aubergine, Grau und Silber sowie dem weichen Teppichboden und den schweren Stoffen machen, ganz im Sinne von Carbone, jeden der 36 Plätze »zu einem Lieblingsplatz«. Die Tische im Restaurant sind in Form eines Muschelgehäuses angeordnet, was auch zum Namen »Ammolite« – eine versteinerte Muschel aus den Rocky Mountains – führte.

Den vom Guide Michelin im November 2013 verliehenen Stern wertet auch Europa-Park-Geschäftsführer Thomas Mack als Erfolg. »Wir wollten zeigen, dass Spitzengastronomie auch an einem Ort funktioniert, der den Massengeschmack trifft«, erklärt er das gelungene Experiment. Betriebswirtschaftlich sei das Feinschmeckerrestaurant im Vergleich zur System- und Hotelgastronomie des Parks mit seinen jährlich mehr als 4,5 Millionen Besuchern unbedeutend. »Aber es ist gut fürs Image und spricht auch ein neues Publikum an.« Nicht zuletzt aufgrund der Nähe zum Elsass. Rund ein Drittel der »Ammolite«-Gäste seien bereits externe Besucher, sagt Peter Hagen, der seine Speise-

und Menükarte allein kreiert, alle zwei Wochen ein neues Menü offeriert und auch mit den Weinbegleitungen bei seinem Publikum ankommt. Klar auch, dass der Koch selbst die Produkte für sein Restaurant einkauft. Im Grunde fehlt es ihm an nichts – das Einzige, was er vermisst, sind der Bodensee und sein Boot.

An seinen ungewöhnlichen Arbeitsplatz hat sich Peter Hagen längst gewöhnt. Er sehe sich mit den Fahrgeschäften »nicht auf Kollisionskurs«. Mit seinen Gerichten und dem extravaganten Design des Restaurants hebe er sich gerne vom sonstigen Treiben im Freizeitpark ab. Er möchte, dass Menschen bei ihm genießen und entspannen können. »Das Laute bleibt bei uns vor der Tür«. Wie die Freizeitattraktionen insgesamt. Auf die Frage, ob er auch hin und wieder eine Achterbahnfahrt nebenan unternimmt, antwortet Peter Hagen: »Mein Platz ist die Küche. Ich möchte dort nichts anbrennen lassen.«

Zurück ins »Ammolite« – so modern wie das Ambiente, so locker präsentieren sich auch Peter Hagen und sein neunköpfiges Team. »Unsere Freude am Job und unseren Spaß an der Arbeit sollen auch die Gäste schmecken«, sagt der Sternekoch, der seine Mannschaft gezielt mit ehemaligen Kolleginnen und Kollegen zusammengestellt hat. Natürlich müsse einer »die Hosen anhaben«, aber insgesamt sei das »Ammolite« Teamwork, sodass auch die Mitarbeitenden »mit entscheiden können«. Klar falle mal ab und zu ein »lautes Wort« – aber »Pfannen fliegen bei mir nicht«, konstatiert der Chef. Dies liegt wohl auch daran, dass Peter Hagen ein »harmoniesüchtiger Mensch« und stets auf Ausgleich bedacht ist – was bei einem im Sternzeichen der Waage Geborenen nicht überrascht.

RESTAURANT AMMOLITE
THE LIGHTHOUSE-RESTAURANT
IM ERLEBNISHOTEL »BELL ROCK«
EUROPA PARK
Peter-Thumb-Straße 6
77977 Rust
www.ammolite-restaurant.de

Vom Weinparadies geht es hinein ins Unterhaltungsparadies. Im Europapark Rust, Europas größtem Freizeitpark, sorgt Peter Hagen für die gehobene Küche. Jährlich kommen rund 4,6 Millionen Besucher in den Freizeitpark und das Erlebnis-Resort, zu dem auch Hotels und Restaurants zählen. Weitere Infos unter *www.europapark.de.*

»ICH BIN DER LIEBE WEGEN NACH FREIBURG GEKOMMEN.«

» ICH HABE VIEL FREUDE DARAN, WENN MEINE 80 JAHRE ALTE NACHBARIN, DIE SELBST SEHR GUT KOCHT, BEI UNS ISST UND SAGT: JUNGE, DIE SAUCE WAR ABER RICHTIG GUT. «

» WIR KOCHEN INTERNATIONAL, WOLLEN ABER IMMER AUCH DEN BEZUG ZUR REGION BEHALTEN. MIR IST WICHTIG, JEDEM PRODUKT SEINEN GESCHMACK ZU BELASSEN UND DIESEN DURCH AUSGEWÄHLTE BEGLEITER ZU STÄRKEN. ES SOLL EINE EHRLICHE KÜCHE SEIN OHNE VIEL HOKUSPOKUS. «

ammolite

ammolite

CONFIERTER KABELJAU IM CALDEIRADA-SUD MIT KARTOFFEL-KNOBLAUCH-PÜREE

Zutaten für 4 Personen

Confierter Kabeljau

600 g Kabeljau, filetiert
100 ml Olivenöl
Salz
10 g Gemahlener Koriandersamen
10 g Gemahlener Pfeffer
10 g Brauner Zucker

Caldeirada-Sud

150 g Kartoffeln
80 g Paprika, gelb
80 g Paprika, rot
60 g Tomatenfilets
40 g Schalotten
200 ml Fischfond
40 ml Weißwein
20 ml Linie (Aquavit)
Salz, Lorbeer, Thymian, Petersilie, Koriander, Knoblauch

Kartoffel-Knoblauch-Püree

400 g Kartoffel, mehlig kochend
100 ml Sahne
100 ml Milch
100 g Butter
2 Knoblauchzehen
Salz, Muskat

CONFIERTER KABELJAU

Kabeljau salzen und 5 Minuten ziehen lassen, mit Olivenöl vakuumieren und 5 Minuten bei 80 °C Dampf garen. Die Koriandersamen, den Pfeffer und braunen Zucker auf den Fisch streuen, mit dem Bunsenbrenner leicht karamelisieren.

CALDEIRADA-SUD

Gehackte Schalotten in Olivenöl anschwitzen, sehr fein gehackte Kartoffeln und Paprika dazugeben und anschwitzen, mit Linie und Weißwein ablöschen. Alkohol einkochen, dann den Fischfond aufgießen, Kräuter und Gewürze dazugeben, ca. 30 Minuten ziehen lassen. Danach Kräuter und Knoblauch entfernen, die fein geschnittenen Tomaten dazugeben und Fond erhitzen.

KARTOFFEL-KNOBLAUCH-PÜREE

Kartoffeln und Knoblauch in Salzwasser kochen, danach durch ein Sieb streichen. Milch und Sahne aufkochen, Kartoffeln einrühren und mit Butter, Salz und Muskat abschmecken.

Otto & Daniel Fehrenbacher

OTTO & DANIEL FEHRENBACHER ADLER

DIE JAHRESZEITEN KULINARISCH INTERPRETIEREN

Schon früh hat Daniel Fehrenbacher gewusst, welche Laufbahn er einschlagen möchte. Er wollte Koch werden, genau wie sein Vater. Das ist in Familien nicht selbstverständlich. Aber wer einmal erlebt hat, was Daniels Vater Otto Fehrenbacher seit 1980 im historischen Ortskern von Lahr aufgebaut hat, der versteht die Entscheidung des Sohnes. Dieser hat inzwischen im »Adler« in der Küche sogar das Sagen. Für den guten Ruf, der sich in der Auszeichnung mit einem Stern ausdrückt, hat der Vater gesorgt, der heute mit seinem Sohn das renommierte Gourmetrestaurant führt.

Die Gäste sind begeistert und geben nicht nur der Küche Bestnoten. Die ungezwungene Art der Fehrenbachers ist ansteckend und sorgt für eine entspannte Atmosphäre. Als Ausgangspunkt für Rad- und Wandertouren schätzen die Gäste das Hotel ohnehin. Als Paradies für Mountainbiker und Wanderer wird die Ortenau gepriesen. Die Fehrenbachers sind in der Küche Grenzgänger und mischen regionale badische mit französischen Elementen. Der mediterrane Einschlag ist dabei unverkennbar. Die besondere Note macht der Einfallsreichtum der Köche aus. Erfahrung geht hier eine gute Mischung ein mit dem Wunsch, frischen Wind in die Küche zu bringen. Die Balance gelingt im »Adler« in Lahr-Reichenbach hervorragend.

Die beiden Köche legen besonderen Wert darauf, hochwertige Produkte aus der Region zu beziehen. Gute Zutaten gepaart mit Leidenschaft und guter Laune macht die ideale Mischung aus. Die Fehrenbachers wollen unverfälschte Produkte verwenden. »Man schmeckt einfach, wenn man sehr gutes Fleisch und sehr gutes Gemüse auf dem Teller hat«, sagt Otto Fehrenbacher. Dass die Jagd hier eine besondere Rolle spielt und sich auch in der Speisekarte niederschlägt, sieht man schon an den Trophäen an den Wänden des Restaurants. Dieses ist mit viel Liebe zum Detail ausgestattet, die sich ebenso in den kulinarischen Kompositionen wieder findet.

Die Fehrenbachers haben sich in ihrer Gourmetküche vorgenommen, jede Saison kulinarisch zu interpretieren. Ein besonderes Highlight ist die Wildsaison. Im Restaurant wird ausschließlich Wildbret aus der Ortenau verarbeitet. Und wenn dann das Rehfilet mit Wirsinggemüse, Schupfnudeln, Sellerie- und Maronenpüree serviert wird, ist das ein rundum gelungenes Geschmackserlebnis.

Vater und Sohn fühlen sich ihrer Region, der Ortenau, eng verbunden. Sie sind sich bewusst, dass Sterneküche in einem ländlichen Umfeld »nicht abgehoben« sein kann, wie es Daniel Fehrenbacher ausdrückt. Er sieht durchaus die Gefahr, »dass man beim Streben nach Perfektion immer elitärer wird«. Die Region schlägt sich in vielen Speisen nieder. Seien es die Aromen aus dem Kräutergarten, der Saibling oder die Bachforelle.

Die Verbindung badischer und französischer Einflüsse, von Bodenständigkeit und Eleganz macht den besonderen Reiz aus, der nicht nur die Küche prägt, sondern das gesamte Ambiente im »Adler«. Der Saibling auf Grünkernrisotto und Pfifferlingen oder Fehrenbachers Klassiker, die Fischsuppe unter der Blätterteighaube mit Aioli, sind Beispiele für die feine und leichte Art der Küche im »Adler«, die aber auch immer wieder für die eine oder andere Überraschung gut ist.

Otto Fehrenbacher hat reichlich Erfahrung gesammelt in der Welt der Grande Cuisine, bevor er nach Lahr kam. Er war in bekannten Häusern wie bei den Haeberlins in Illhäusern, bei Eckart Witzigmann im »Tantris« in München und bei Alan Chapel in Mionnay. Im »Adler« fing er 1979 zunächst als Küchenchef an, bevor er das Haus ein Jahr später übernahm. Sohn Daniel war ebenfalls in Illhäusern in der Auberge de l'ill und kehrte über Stationen in Paris bei Alain Ducasse, am Genfer See im »Pont de Brent« und in Straßburg in der »Patisserie Litzler Vogel« im Jahr 2006 in den elterlichen Betrieb zurück.

Die Geschichte des Hotels »Adler« in Lahr-Reichenbach reicht bis ins 19. Jahrhundert zurück. Aus einfachen Anfängen ist das Hotel-Restaurant Adler in Reichenbach entstanden: Im Jahr 1862 eröffnete hier eine einfache Bierwirtschaft. 1920 hatten dann in erster Generation Wilhelmine und Otto Fehrenbacher von Karl Glatz das Gasthaus mit Brauerei übernommen. In der vierten Generation ist daraus ein von Otto und Daniel Fehrenbacher betriebenes Gourmetrestaurant geworden, das neben der Spitzengastronomie auch großen Wert legt auf Familientradition. Die Familie Fehrenbacher hat daraus ein Hotel gemacht, in dem sich Behaglichkeit, Eleganz und Ungezwungenheit mischen. Dafür sorgt schon die sympathische und offene Art der Gastgeber. Das Haus, das am Rande des Schwarzwaldes liegt, umgeben von der sanft fließenden Landschaft der Ortenau, weist zusätzlich eine wunderschöne Terrasse auf. Dort wird im Sommer aufgetischt.

RESTAURANT ADLER
Reichenbacher Hauptstraße 18
77933 Lahr-Reichenbach
www.adler-lahr.de

Die Strecke am Rhein entlang nach Norden bringt uns nach Lahr zu den Fehrenbachers. Lahr an der Schutter, gelegen in der Vorbergzone des Schwarzwaldes und eingebettet in die Rheinebene verbindet auf wenigen Kilometern ganz unterschiedliche Landschaftsformen. Weitere Infos unter *www.lahr.de.*

» WIR SUCHEN NICHT NACH EFFEKTHASCHEREI,
SONDERN WIR GARANTIEREN EINE ABSOLUTE FRISCHEKÜCHE,
OHNE CONVENIENCE ODER KÜNSTLICHES GLUTAMAT.
WIR BENUTZEN KEIN ›MARIA-HILF‹. «

STEINPILZE MARINIERT MIT FEIGEN UND LUFTGETROCKNETEM WILDSCHWEINSCHINKEN

Zutaten für 4 Personen

Steinpilze mariniert

200 g	*Steinpilze*
12 Scheiben	*luftgetrockneter Wildschweinschinken*
4	*Feigen*
1 Zweig	*Rosmarin*
1	*Knoblauchzehe*

Vinaigrette

40 ml	*Olivenöl*
20 ml	*Balsamicoessig*
100 ml	*Roter Portwein*
1/2 EL	*Honig*
	Salz
	Pfeffer
	Zucker

STEINPILZ MARINIERT

Die geputzten und in Stücke geschnittenen Steinpilze mit dem Rosmarin und dem Knoblauch in etwas Olivenöl scharf anbraten, mit Salz und Pfeffer würzen, auf ein Blech legen zum Abkühlen. Die Feigen vierteln und dazugeben.

VINAIGRETTE

Den Portwein mit dem Honig in einem Topf auf die Hälfte einkochen und abkühlen lassen. Salz, Pfeffer, Zucker und Essig dazugeben. Mit einem Schneebesen das Olivenöl einrühren. Die Vinaigrette über die Pilze und die Feigen geben und mindestens 10 Minuten marinieren.

ANRICHTEN

Die Pilze und Feigen in einen tiefen Teller geben. Den Salat ebenfalls mit der Vinaigrette marinieren und anrichten. Zum Schluss mit Wildschweinschinken und Brotchips garnieren.

Gutbert Fallert

GUTBERT FALLERT TALMÜHLE

LEIDENSCHAFT UND TEAMGEIST IN DER TALMÜHLE

Wer hier eintritt, der kommt in eine wohlige Oase. In der »Talmühle« in Sasbachwalden umgibt den Gast sofort eine familiäre Atmosphäre. Seit Generationen ist das Haus in Familienbesitz. Die Fallerts betreiben hier ein Hotel mitsamt Restaurant. Man merkt, dass an diesem Ort die Tradition hochgehalten wird, ohne dass dies rückwärtsgewandt wirkt. So wirbt das Restaurant Fallert damit, dass hier Feinschmeckerküche geboten wird, ohne die badischen Wurzeln zu verleugnen. Seit 1976 wird die Küche Jahr für Jahr mit einem Stern ausgezeichnet.

Inzwischen stehen zwei Generationen am Herd: Vater und Sohn. Gutbert und Marius Fallert – beide Spitzenköche. Sie verstehen sich nicht als ehrgeizige Einzelgänger. Gutbert Fallert beschreibt den Stern für die Gourmetküche deshalb auch als eine Gemeinschaftsleistung des Teams. Trotzdem gehört noch etwas mehr dazu als Teamarbeit: »Wenn man gut sein will, muss man Leidenschaft mitbringen«, erklärt Gutbert Fallert.

»Man muss das Alte erhalten und neue Akzente setzen.« So formuliert der Vater das Credo der Familie. Dieses hat sich auch in der Küche durchgesetzt. Gerne nimmt er zum Beispiel Anleihen aus der Molekularküche auf, »wenn sie einen Nutzen bringen«. Dies ist der Fall, wenn er eine Zitrusfrüchtesauce leicht abbindet, die zum Saibling serviert wird. »Mit modernen Mitteln gelingt etwas, was früher so nicht möglich gewesen ist«, erläutert Gutbert Fallert.

In der Küche setzen die Fallerts auf Variation und Vielfalt. Sohn Marius weist auf die deutlichen Einflüsse aus Frankreich hin. Er nennt das Limousin-Lammkarree mit Kräutern und Senf als Beispiel. »Unser Leitmotiv ist es, Klassisches und Exotisches zu mischen«, fügt er hinzu. Da gibt es zum Nachtisch schon einmal Minestrone von exotischen Früchten.

Die Resonanz der Gäste auf ungewöhnliche Kombinationen sei positiv, so Marius Fallert. Ein Beispiel ist eine Vorspeise, die die Fallerts seit einigen Jahren servieren. Bei dieser werden Fleisch und Fisch kombiniert: Rindertartar mit Räucheraal. Den Reiz dieser Mischung macht die Verbindung von Würzigem und Schwerem sowie frischer Frucht und leichtem Gemüse. Diese Vorspeise symbolisiert die Brücke zwischen Bodenständigem und Leichtem in der Küche des Familienbetriebs.

Es ist eine feine Gediegenheit, die die Atmosphäre in der »Talmühle« prägt. Das reicht vom Empfang bis zum Gourmetrestaurant. In der Küche wird größter Wert auf die Qualität der Zutaten gelegt. Das fängt bei den Saucen an. Da wird ein Fond angesetzt »nach alter Art und Sitte«, wie es Gutbert Fallert ausdrückt. Auf feine Grundlagen setzt der Seniorchef auch beim Fischfond: Steinbutt und Seezunge.

Sorgen macht dem Chefkoch, dass es immer schwieriger wird, hochwertige Wildfische zu beziehen. Denn der Geschmack von Fischen aus der Zucht ist für ihn in vielen

Fällen nicht mit wildlebenden vergleichbar. Fallert setzt auf einen Lieferanten, der Nachhaltigkeit beim Fang garantiert. Dies ist ihm ein besonderes Anliegen mit Blick auf die seiner Ansicht nach leichtfertige Verschwendung von Nahrungsmitteln.

Aus diesem Grund liegt den Fallerts am Herzen, den Menschen bewusst zu machen, was hinter einem guten Essen steckt. Dazu gehören für ihn sowohl die Wertigkeit der Zutaten und der nachhaltige Umgang mit der Natur als auch die Anerkennung der Arbeit, die darin steckt. Dafür sei gutes Personal nötig, das nicht so leicht zu bekommen sei, so Vater Fallert. Sohn Marius will diese Philosophie auch in Kochkursen deutlich machen.

Darüber hinaus liegt der Familie die regionale Verankerung am Herzen. Ihr Ziel ist es, dass das Haus auch von künftigen Generationen weitergeführt wird. Ein Stammbaum hängt im Hotel an der Wand. Dieser macht deutlich, dass die »Talmühle« das Stammhaus der Familie Fallert ist. Deren Geschichte lässt sich bis zum Jahr 1640 zurückverfolgen. Aus der Mühle wird Ende des 19. Jahrhunderts eine Bäckerei, aus der dann Hotel und Restaurant entstehen.

Furchtbar geärgert hat sich Gutbert Fallert darüber, dass die Mühle 1963 abgerissen werden musste, weil die Straße zu schmal war. Zumindest den Namen hat er gerettet. Im Jahr 1968 hat er Hotel und Restaurant in Erinnerung an die Ursprünge deshalb in »Talmühle« umbenannt.

Seit 2003 steht auch Gutbert Fallerts Sohn Marius in der Küche. Gelernt hat er bei Alfred Klink im Colombi Hotel in Freiburg. Vater und Sohn mussten sich erst einmal aufeinander einspielen. Inzwischen arbeiten der 1950 geborene Gutbert und der 20 Jahre jüngere Marius Hand in Hand. Aromen präsentieren sie in ihren Gerichten kreativ und spielerisch, wie in dem in neun Felder eingeteilten Carpaccio. Jedes Feld repräsentiert einen Geschmack. Das Gericht steht als Beispiel für eine Küche, die nicht belastend und zugleich geschmackvoll sein soll.

RESTAURANT TALMÜHLE
Talstraße 36
77887 Sasbachwalden
www.talmuehle.de

Nicht weit ist es nach Sasbachwalden, wo die Fallerts eine lange Familientradition fortführen. Die Ferienregion bietet viele Touren, vom Wandern im Rebgebiet über die Schnapsbrunnenwege bis zum Brigittenschloss-Rundweg. Der Ort ist umgeben von Wäldern und Reblandschaften. Weitere Infos unter *www.sasbachwalden.de.*

» FRISCHE UND QUALITÄT DER PRODUKTE ALS DIE UNVERZICHTBARE BASIS FÜR GUTES ESSEN SOWIE DIE SORGFALT BEI DER ZUBEREITUNG UND DIE LIEBE ZUM DETAIL SIND VORAUSSETZUNG FÜR LUKULLISCHE GENÜSSE. «

» WIR WISSEN ALLE, DASS VIELES UNNÖTIGERWEISE WEGGESCHMISSEN WIRD. ICH WERFE NUR DAS WEG, WAS NICHT MEHR WEITER ZU VERWERTEN IST. VERBRAUCHER MÜSSEN MIT LEBENSMITTELN BEWUSSTER UMGEHEN. «

» ICH SERVIERE FEINSCHMECKERKÜCHE, VERNACHLÄSSIGE DABEI ABER KEINESWEGS UNSERE BADISCHEN WURZELN. «

TATAR VOM RINDFILET MIT RÄUCHERAAL-CREME, APFEL UND PFEFFERSAUCE

Zutaten für 4 Personen

Tatar vom Rindfilet

320 g Rindfilet, völlig sehnenfrei
Salz
Pfeffer aus der Pfeffermühle
Piment d'espelette
10 Kapern
1 Mini-Cornichon
1/2 Schalotte
1 Eigelb von einem Wachtelei
Petersilie
4 Blatt Estragon
Senf
Cognac
Olivenöl

Räucheraal-Creme

150 g Räucheraal
Crème fraîche
Schnittlauch
Pfeffer aus der Pfeffermühle

Garnitur

Wachtelspiegelei
Apfel
Apfelgelee, grün
Crème fraîche
Mayonnaise
Grüner Pfeffer
Kerbel
Rote Bete-Würfel
geröstete Brotscheiben

TATAR VOM RINDFILET

Das Tatar mit dem Messer in hauchdünne 1 mm-Würfel schneiden (oder vom Metzger fertig durchgedrehtes Tatarfleisch nehmen), mit Salz, Pfeffer, Piment d'espelette, den gehackten Kapern, der ebenfalls gehackten Cornichon, der fein geschnittenen Schalotte, dem Eigelb, der gehackten Petersilie und Estragon, einem Mokkalöffel Senf, einem Spritzer Cognac und etwas Olivenöl pikant anmachen.

RÄUCHERAAL-CREME

Den Räucheraal in feine Würfel schneiden und mit etwas Crème fraîche vermischen, etwas Schnittlauch und Pfeffer dazu.

ANRICHTEN

In einem Ring von 8 cm Durchmesser 1 cm Tatar hoch eindrücken, mit ½ cm Räucheraalcreme bedecken, mit dem restlichen Tatar bedecken.
Tatar mit dem Ring auf die Tellermitte setzen, den Ring abziehen.
Auf das Tatar ein Wachtelspiegelei setzen. Um das Tatar herum feine Würfel von Apfel, feine Würfel von grünem Apfelgelee (aus grünem Granny Smith-Apfelpüree) und feine Punkte von grüner Pfeffersauce (aus Mayo, Crème fraîche und grünem Pfeffer) geben. Mit etwas Kerbel und Rote Bete-Würfel garnieren.
Geröstete Brotscheiben dazu servieren.

Martin Herrmann

MARTIN HERRMANN LE PAVILLON

GRAND VIN
CHATEAU
GRAND CRU CLASSE
PAUILLAC
BAROLO
RELAIS &
CHATEAUX

VOM LEHRLING ZUM ZWEI-STERNE-KOCH AM EIGENEN HERD

April 2009: Silvio Berlusconi mag weder Fisch noch Truthahn, der türkische Präsident Abdullah Gül isst kein Salz und kein Schweinefleisch, Großbritanniens Premier Gordon Brown will sein Fleisch »well done« und andere mögen keinen Alkohol in der Sauce: Zwei-Sterne-Koch Martin Herrmann erfüllt beim Arbeitsessen des NATO-Gipfels im Casino Baden-Baden alle Sonderwünsche. Und obwohl sich der Beginn der Tafelrunde um gut eine Stunde verzögerte, lassen er und seine Köche nichts anbrennen. Selbst Nicolas Sarkozy staunt ob der exzellenten »Gourmandise« im Nachbarland der Grande Nation.

»Alle Teller waren leer gegessen. Sogar die Sauce war bei vielen ausgetunkt«, sagt der Spitzenkoch im Rückblick und wertet dies als Beleg dafür, dass den Regierungschefs sein Vier-Gänge-Menü zugesagt hat. Die Kanzlerin Angela Merkel (»Es hat sehr gut geschmeckt«), die das regionale Menü – Kraftbrühe mit Flädle und Markklößchen, Saibling auf Frühlingslauch, Schwetzinger Spargel mit Kalbsmedaillons und Schokoladentörtchen mit Champagnermousse und Himbeer-Sorbet – aus einer Liste von drei Dutzend Vorschlägen ausgewählt hatte, sei auch zufrieden gewesen.

Der Küchenchef des Gourmetrestaurants »Le Pavillon« im Hotel Dollenberg in Bad Peterstal-Griesbach ist reichlich erfahren mit dem Bekochen von Prominenz: Herrmann tischte wiederholt den Gästen bei der Bambi-Verleihung und alljährlich bei der Proklamation »Sportler des Jahres« auf. »160 Menüs auf den Punkt kochen und servieren, das war aber die sehr große Herausforderung«, erklärte der Sternekoch den Sonderfall im April 2009. In Baden-Baden im Florentiner Saal des Casinos mussten 60 Staatschefs und deren Berater sowie im Bénazetsaal des Kurhauses die 100 Verteidigungsminister und Generäle bedient werden. Eines der Probleme: Das Menü wurde in drei Küchen zubereitet. »Wir mussten auch die Zeit zwischen Küche und Gast berücksichtigen, denn unter den Gloschen gart zum Beispiel der Fisch nach«, sagte Herrmann.

Für den Koch des NATO-Gipfel-Menüs ging nach dem »Highlight meiner Karriere« der Alltag weiter. Tags darauf stand er schon wieder in der Küche im Hotel Dollenberg im malerischen Renchtal. »Es war für mich wie ein Sechser im Lotto, dass die Wahl des Kanzleramts auf mich gefallen war«, freute sich Herrmann. Und der Sternekoch erfüllte alle Wünsche: Berlusconi bekam Wachteln statt Fisch, Gül die Gerichte salzlos und das Dessert ohne Alkohol, und Brown sein Medaillon durchgebraten. Getreu dem Motto von Herrmann: »Für den Gast gibt es kein Nein.«

So außergewöhnlich wie die Speisung der mächtigen Staatsführer aus aller Welt, ist auch die Vita des Spitzenkochs. Martin Herrmann gelang der Aufstieg vom Lehrling bis zum Zwei-Sterne-Koch in ein und demselben Haus. Keine Stationen in renommierten Edelrestaurants im In- und Ausland, keine Lehrjahre in hoch dekorierten Häusern. Stattdessen so etwas wie eine märchenhafte Tellerwäscher-Karriere im Schwarzwald:

Herrmanns Eltern waren 1982 bei Dollenberg-Patron Meinrad Schmiederer vorstellig geworden, um für den damals 15 Jahre alten Martin eine Lehrstelle zu finden. »Mir fiel bald auf, dass der Martin manches besser konnte als andere«, erinnert sich Lehrmeister Schmiederer. Herrmann (Jahrgang 1966) machte die Gesellenprüfung, den Meister und blieb – auch der Liebe wegen – auf dem Dollenberg. Er heiratete Schmiederers Schwester Ulrike und bekam mit ihr zwei Kinder.

Das Besondere an Martin Herrmann sei, dass er sich den Erfolg aus eigener Kraft erarbeitet hat, lobt sein Schwager und früherer Lehrmeister. Der Küchenchef gibt das Kompliment zurück: »Meinrad ist mein größter Kritiker«. Dabei gilt der zurückhaltende Herrmann als hartnäckiger Tüftler, der lange die Gerichte probiert, ehe sie auf die Menükarte kommen. »Oft braucht es zehn Anläufe oder mehr, bis es steht«, berichtet der gebürtige Haslacher. Und dennoch hat er mehr als 100 Gerichte im Kopf.

Chefköche werden oft nach ihrem Geheimnis gefragt. Herrmann lässt sich von der Natur, den Düften und Farben zu immer neuen Kreationen führen und inspirieren. »Manchmal muss man eben raus und über den eigenen Tellerrand schauen. Eine Küchenphilosophie braucht immer neue Anregung«, sagt er. Sous-Chefin ist die Elsässerin Caroline Schenk, die im Restaurant ihrer Mutter in Weißenburg aufgewachsen ist und bei großen französischen Köchen gewirkt hat.

Auf den zweiten Michelin-Stern, der ihm seit 2009 leuchtet, habe er systematisch hingearbeitet, seine Küche umgestellt, das Gemüse schmackhafter gemacht und »alles weggelassen, was nicht zur Harmonie beiträgt«. Diese Fokussierung sei der »entscheidende Sprung« zum Aufstieg in den Koch-Olymp gewesen, der ihn dennoch »unvorbereitet traf«. Hinzu kamen viele Besuche französischer Gourmettempel, bis hin zu Alain Ducasse und anderen kulinarischen Großmeistern in Paris.

Obwohl er sich der klassischen französischen Küche – auch dank seiner Sous-Chefin Caroline Schenk – verbunden fühlt, schätzt der jugendlich wirkende, schlanke Badener auch die Produkte seiner Heimat, wie die Spezialitäten Schinken und Kirschtorte oder Wild und anderes, hauptsächlich Saisonales aus dem Schwarzwald. »Gute Grundprodukte eben.« Genau wie zu Hause, wo der Zwei-Sterne-Koch am liebsten Geschmortes isst.

RESTAURANT LE PAVILLON
IM HOTEL DOLLENBERG
Dollenberg 3
77740 Bad Peterstal-Griesbach
www.gourmet-restaurant-le-pavillon.de

Im Renchtal liegt Bad Peterstal-Griesbach. Der Schwarzwaldort ist nicht nur wegen seiner Mineralquellen und seines milden Mittelgebirgsklimas bekannt, sondern auch wegen des Hotels Dollenberg mit exzellentem Wellnessbereich, in dem Martin Herrmann Küchenchef ist. Die Gemeinde sieht sich als Paradies für Naturliebhaber. Weitere Infos unter *www.bad-peterstal-griesbach.de.*

» OFT BRAUCHT ES ZEHN ANLÄUFE, BIS EIN GERICHT STEHT. «

le Pavillon
RESTAURANT
RELAIS &
CHATEAUX

» VIELE GÄSTE SAGEN MITTLERWEILE ›HUH‹, WENN SIE MOLEKULARKÜCHE HÖREN. DIE WOLLEN LIEBER ETWAS GREIFBARES, WAS SIE SEHEN, SCHMECKEN UND NACHVOLLZIEHEN KÖNNEN. ETWAS AUTHENTISCHES. «

» WENN MAN SEIN ZIEL NICHT AUS DEN AUGEN VERLIERT, DANN KANN MAN SEINEN TRAUMJOB AUCH AN EINEM EINZIGEN ORT ERREICHEN. «

» MANCHMAL MUSS MAN EBEN RAUS UND
ÜBER DEN EIGENEN TELLERRAND SCHAUEN.
EINE KÜCHENPHILOSOPHIE BRAUCHT
IMMER NEUE ANREGUNG. «

REHRÜCKENFILET MIT HERBSTFRÜCHTEN, JUS MIT MOLE UND SAUERRAHMKNÖDEL

Zutaten für 4 Personen

Rehrückenfilet

- *2 St. Rehrückenfilet à ca. 300 g (1 Stück Rehrücken ganz mit ca. 2 kg) von sämtlichen Häuten und Sehnen pariert*
- *Erdnussöl*
- *Salz*
- *Pfeffer aus der Pfeffermühle*

Rotweinsauce

- *250 g Rehknochen fein gehackt*
- *150 g Gewürfeltes Wurzelgemüse (Karotten, Sellerie, Zwiebeln)*
- *150 g Steinchampignons*
- *1 EL Tomatenpüree, etwas Öl*
- *1/2 l Kräftiger badischer Rotwein, trocken*
- *1/2 l Wasser*
- *5 cl Cognac*
- *1 Kleiner Bund Preiselbeeren*
- *1 Thymian*
- *1 Kleiner Bund Rosmarin*
- *1 Lorbeerblatt*
- *5 Wachholderbeeren*
- *5 Pfefferkörner*
- *80 g Kalte Butterflocken*
- *50 g Geschlagene Sahne*
- *10 g Mole (Gewürzmischung)*

Pfifferlinge

- *400 g Pfifferlinge*
- *Butter*
- *Salz*
- *Pfeffer*

Maronenpüree

- *200 g Maronen*
- *50 g Butter*
- *30 g Karamellisierter Zucker*
- *200 ml Rinderkraftbrühe*
- *4 cl Kirschwasser*
- *1 EL Nussbutter*
- *50 ml Sahne*
- *Salz*

Beilagen

- *Rote Bete*
- *Glasierte Maronen*
- *Sauerrahmknödel*

REHRÜCKENFILET

Die sauber geputzten Rehrückenfilets würzen und in einer vorgeheizten Pfanne mit Rosmarin, Thymian, Wachholderbeeren und Pfefferkörnern ca. 3–5 Minuten rundum anbraten, nicht durchbraten. Das Fleisch aus der Pfanne nehmen und am Herd bei ca. 70–80 Grad warmhalten.

ROTWEINSAUCE

Für die Rotweinsauce die klein gehackten Knochen mit Öl bei 220 Grad im Ofen rundherum anbraten, dann das Gemüse dazugeben. Ebenfalls anbraten, dann die Gewürze und das Tomatenpüree dazugeben, ebenfalls anziehen lassen und mehrmals mit Wasser ablöschen. Wenn alles eine braune Farbe hat, mit Rotwein, Cognac und Wasser auffüllen und ca. 2,5 Stunden kochen lassen, evtl. nochmals etwas Wasser nachgießen, zum Schluss abpassieren. Die Sauce reduzieren bis zur richtigen Konsistenz, mit Mehlbutter und Butterflocken abbinden und nochmals passieren und bereithalten. Am Schluss die Mole dazugeben.

PFIFFERLINGE

Pfifferlinge in zerlassener Butter anbraten. Mit Salz und Pfeffer würzen.

MARONENPÜREE

Zucker karamellisieren, Maronen zugeben, mit Butter, Brühe, Kirschwasser weich kochen. Im Thermomix fein mixen. Mit etwas Nussbutter, flüssiger Sahne und Salz abschmecken und bereithalten.

ANRICHTEN

Das Maronenpüree auf dem Teller anrichten, mit den Herbstfrüchten umlegen und das tranchierte Rehrückenfilet auf das Püree setzen und mit Sauce umgießen. Sofort servieren.

Domaine Olivier Pithon
Côtes du Roussillon
Saturne
2006

HARALD WOHLFAHRT

SCHWARZWALDSTUBE

Traube Tonbach
H. Wohlfahrt
GAGGENAU

DER GROSSMEISTER DER FEINEN KÜCHE

In der griechischen Sage haben sich die Götter den Olymp zu ihrem Sitz erkoren. In der deutschen Wirklichkeit ist der Schwarzwaldort Baiersbronn zu so etwas wie dem Olymp der Küchenchefs geworden. Ganz oben thront Harald Wohlfahrt. Der Drei-Sterne-Koch verteidigt diese Spitzenposition seit Jahrzehnten mit einem sanften Lächeln. Wer dem Mann begegnet, der zu den besten Köchen der Welt zählt, ist überrascht von seiner bescheidenen Art. Das grelle Licht der Fernsehbühnen meidet er genauso wie spektakuläre Auftritte in der Öffentlichkeit. Er fühlt sich in seiner Schwarzwaldstube im »Hotel Traube Tonbach« wohl und sieht sich ganz unprätentiös als Dienstleister. »Ich koche in erster Linie für meine Gäste und nicht für die Michelin-Sterne«, bekräftigt Wohlfahrt seine Zurückhaltung.

Die Besucher pilgern nicht umsonst in Scharen nach Tonbach. Kein Wunder, dass die Wartezeit für einen der begehrten Plätze im Gourmetrestaurant Wohlfahrts etwa ein halbes Jahr beträgt. Aber die Gäste wissen, dass sie wahre Wunderwerke aus der Küche erwartet. Jedes Blatt und jedes Korn werden exakt auf dem Teller platziert, auf dem bei jedem Gericht eine Komposition entsteht, die nicht nur ihre Geschmacksvielfalt bei jedem Bissen entfaltet, sondern auch in ihrer Schönheit dem Auge des Gastes schmeichelt. Da zaubert Wohlfahrt ein Spargel-Mosaik auf den Teller, das wie ein architektonisches Modell im Miniaturformat wirkt.

Harmonie, Ausgewogenheit, Perfektion und Vollendung sind Begriffe, die Wohlfahrts Kochkunst nur unzureichend beschreiben. Bei seiner Lust zu kombinieren reizt ihn, eine Geschmacksvielfalt zu arrangieren, die Kontraste in einen harmonischen Genuss auflöst und durch Leichtigkeit und Beschwingtheit besticht.

Seine Gerichte entstehen nach und nach im Kopf, Zug um Zug, wie bei einem Schachspiel, zusammengestellt nach Wohlfahrts kulinarischer Logik. In der Küche wirkt er wie ein wohlüberlegter Stratege, bei dem jeder Handgriff sitzt. Da kommt der Zander mit Macadamia-Nüssen und orientalischen Gewürzen auf den Teller, Salat von gegrilltem Gemüse wird mit Gambas in Olivenvinaigrette mit Pistou und exotischen Früchten in kreolischer Sauce serviert.

Die Ruhe und Gelassenheit Wohlfahrts strahlt auf sein Team aus. Konzentriert wird hier das verarbeitet, was Wohlfahrt zuvor mit äußerster Akribie ausgesucht hat. Er ist bekannt für sein »fanatisches Qualitätsbewusstsein«. Zufrieden ist er nie ganz, denn er weiß, dass er ohne perfekte Produkte kein perfektes Gericht zaubern kann.

Der 1955 in Loffenau bei Karlsruhe geborene Wohlfahrt hat bei Spitzenköchen gelernt, darunter auch bei Spitzenkoch Eckart Witzigmann. Dass er bei seinem steilen Weg nach oben immer bodenständig geblieben ist, drückt sich auch in seinem persönlichen Lieblingsgericht aus: Es ist der Gaisburger Marsch, der schwäbische Eintopf mit der für

Nichtschwaben völlig ungewohnten Mischung von Ochsenfleisch, Gemüse, Kartoffeln und Spätzle.

Aufgewachsen ist Wohlfahrt als drittes von sieben Kindern auf dem Bauernhof seiner Großeltern. Er weiß, wie man Kartoffeln pflanzt, Most macht oder auf dem Hof schlachtet. Er weiß, wo die Produkte herkommen. Für den Beruf als Koch fühlte er sich dadurch gut vorbereitet. »Ich hatte arbeiten gelernt, war belastbar, hatte geschickte Hände – die haben in der Küche funktioniert. Das hat mir den Berufseinstieg erleichtert«, erinnert er sich heute.

Die Entscheidung Koch zu werden, sei eher zufällig und spontan aus einem Gefühl heraus gefallen, erinnert sich Wohlfahrt: Im Jahr 1976 kochte er zum ersten Mal im »Hotel Traube Tonbach«. Dort wird er 1980 Küchenmeister und danach Küchenchef im Gourmetrestaurant Schwarzwaldstube. Hier zelebriert er seither das Hochamt seiner begnadeten Kochkunst.

So recht erklären lässt sich das Geheimnis dieser ohne Effekthascherei arrangierten und kombinierten Gerichte kaum. Wohlfahrt scheint die Aromen in seinem Kopf klassifiziert zu haben. So weiß er, was harmoniert und kontrastiert und kann dieses Wissen einsetzen, um die Elemente immer wieder neu zu kombinieren, wie Scheiben vom Rehbock mit Innereiencreme sowie Wildjus und Pfeffer.

Im Gespräch räumt Wohlfahrt ein, dass es harte Arbeit ist, immer zeitgemäße Küche zu bieten. Sein rund ein Dutzend Köpfe umfassendes Team beschreibt er als Manufaktur. Diese müsse für rund 60 Gäste innerhalb von zwei Stunden etwa 300 Gerichte frisch zubereiten – allein von der Menge her eine ungeheure Leistung. Und das dann noch in einer Sterneküche. Dazu gehören eiserne Disziplin und Konzentration auf die Kochkunst in äußerster Perfektion. Aber das ist nicht alles, was Harald Wohlfahrt zu einem der weltbesten Köche macht. Dieses Geheimnis versteckt sich hinter dem sanften Lächeln des Großmeisters der feinen Küche.

RESTAURANT SCHWARZWALDSTUBE
IM HOTEL TRAUBE TONBACH
Tonbachstraße 237
72270 Baiersbronn-Tonbach
www.traube-tonbach.de

» ALS ERSTER DEUTSCHER KÜCHENCHEF FÜR DIE ASTRONAUTEN EIN MENÜ ZU ENTWICKELN, DAS MACHT MAN NICHT OFT IM LEBEN. «

Nun kommen wir zurück zum Ausgangspunkt in Baiersbronn. Unsere letzte Station liegt auf dem Gipfel der deutschen und internationalen Kochkunst bei Harald Wohlfahrt, seit Jahrzehnten Deutschlands bester Koch. Von der Schwarzwaldstube im Hotel Traube Tonbach bietet sich ein wundervolles Panorama. Der Ortsteil Tonbach liegt in einem Seitental des Murgtals.

» EINE GESUNDE UND AUSGEWOGENE ERNÄHRUNG BEDEUTET FÜR MICH, DASS ICH MEINEM KÖRPER DIE NAHRUNG ZUKOMMEN LASSE, DIE ER BRAUCHT, UM GESUND UND FIT ZU BLEIBEN. ZUM BEISPIEL SOLLTE MAN DARAUF ACHTEN, TÄGLICH NICHT ZU VIEL ZUCKER UND FETT ZU KONSUMIEREN. «

» MAN MUSS SICH ZIELE SETZEN, SONST WIRD MAN LEICHTSINNIG. ICH HABE MIR VORGENOMMEN, DIE DREI STERNE BIS ZU MEINEM 60. LEBENSJAHR ZU HALTEN. «

» AUCH DIE SPITZE DER GASTRONOMIE IST ÜBER DIE JAHRE BREITER GEWORDEN. WENN MAN DA DIE GEWÜNSCHTE LEISTUNG NICHT ERBRINGT, HAT MAN ALS KOCH SCHNELL EIN PROBLEM. «

SCHNECKEN VON DER SCHWÄBISCHEN ALB AUF EINEM WILDKRÄUTERPÜREE MIT PFIFFERLINGEN UND KLEINEN KNOBLAUCHCHIPS

Zutaten für 4 Personen

Schnecken

- *1 1/2 kg Schnecken im Häuschen*
- *1 l Geflügelfond*
- *10 Weiße Pfefferkörner*
- *4 Thymianzweige*
- *2 Lorbeerblätter*
- *2 Knoblauchzehen*
- *1 Bund Petersilie*
- *Salz*

Wildkräuterpüree

- *120 g Bärlauch*
- *120 g Ölrauke*
- *120 g Wilde Brunnenkresse*
- *80 g Ratte-Kartoffeln*
- *100 g Butter*
- *4 Knoblauchzehen*
- *Salz*
- *Pfeffer*
- *Muskatnuss*

Schneckenragout

- *80 g Butter*
- *1 Schalotte*
- *2 Knoblauchzehen*
- *120 g Pfifferlinge*
- *300 g Vorbereitete Schnecken*
- *Salz*
- *Pfeffer aus der Mühle*
- *1 Kleiner Bund Petersilie*
- *50 ml Schneckenfond*
- *50 ml Kalbsfond*

Garnitur

- 4 Knoblauchzehen
- 30 g Petersilie zum Frittieren
- Salz
- Pfeffer aus der Mühle
- 4 Scheiben milden Bauchspeck

SCHNECKEN

Schnecken in kaltem Wasser sauber waschen. In reichlich kochendes Salzwasser geben, 5 Minuten kochen, in ein Sieb gießen, abkühlen lassen. Schnecken aus den Häuschen ziehen, den hinteren Körperteil so abschneiden, dass sämtliche Gedärme abgetrennt sind. Geflügelfond mit Gewürzen, Knoblauch, Petersilie und Salz würzen. Schnecken darin etwa 1 Stunde kochen. Schnecken in ein Sieb abgießen, Schneckenfond auffangen.

WILDKRÄUTERPÜREE

Knoblauch schälen, Kartoffelwürfel und Knoblauch in Salzwasser weichkochen. Wildkräuter zupfen, waschen und in Salzwasser blanchieren. In Eiswasser rasch abkühlen und gut ausdrücken. Kartoffeln, Knoblauch und Wildkräuter in einen Pacojetbecher füllen. Butter zu Nussbutter schmelzen und hinzufügen. Becher 24 Stunden im –20 °C kalten Tiefkühler durchkühlen, dann 2-mal mit dem Pacocierer pürieren. Kräuterpüree in einer Sauteuse erhitzen und mit Salz, Pfeffer und Muskatnuss abschmecken.

SCHNECKENRAGOUT

Butter in einer Pfanne zerlassen. Feine Schalotten-und Knoblauchwürfel darin anschwitzen. Pfifferlinge und Schnecken dazugeben, 3 Minuten andünsten. Mit Salz und Pfeffer würzen. Fein gehackte Petersilie untermischen. Schneckenfond und Kalbsfond dazugeben, aufkochen. Wenn notwendig mit Salz und Pfeffer nachwürzen. 12 Schnecken für die Garnitur reservieren.

GARNITUR

In einer Pfanne ungeschälte Knoblauchzehen kurz in heißem Öl anschwitzen. Petersilienblättchen trockenschleudern, in der 180 °C heißen Fritteuse 30 Sekunden frittieren. Auf Küchenkrepp abtropfen lassen, mit Salz und Pfeffer leicht würzen. Speckscheiben in einer Teflonpfanne langsam kross auf beiden Seiten anbraten.

ANRICHTEN

Wildkräuterpüree mithilfe einer Ringform auf 4 Teller verteilen. Darauf das Schneckenragout anrichten. Mit gebratenen Knoblauchzehen, frittierter Petersilie und einer Scheibe Speck garnieren.

NACHWORT

Genießer aus aller Welt zieht es nach Baden-Württemberg. Kein anderes Bundesland kann mit so vielen Michelin-Sternen aufwarten wie der deutsche Südwesten. Dazu ist die Sterneküche eingebettet in abwechslungsreiche und reizvolle Landschaften und Regionen – und die Spitzenköche setzen bewusst auf Regionalität, die sie virtuos mit internationaler Küche kombinieren. Die Vielfalt macht den besonderen Reiz des Genießerlandes Baden-Württemberg aus. Um diese erfahrbar zu machen, wurde in diesem Band eine Sternetour ausgearbeitet, deren Route die unterschiedlichen Regionen anhand der Spitzenköche vor Ort verbindet. Daraus ist eine Sternereise entstanden, die das Land von seinen besten Seiten zeigt, vom äußersten Norden bis ganz in den Süden.

Als Ausgangs- und Endpunkt unserer Schlemmerreise wurde Baiersbronn gewählt, der Wallfahrtsort der Feinschmecker. Dazwischen liegen viele Etappen auf einer Tour, die alle Sinne anspricht. Und mithilfe der Rezepte kann zum Schluss auch noch die eigene Küche verzaubert werden.